中等职业学校公共基础课程配套教学用书

数学
教学参考书
基础模块（下册）

高等教育出版社　教材发展研究所　组编

高等教育出版社·北京

总 主 编　秦　静
本册主编　毕渔民　郭　为
其他编者（按姓氏笔画排序）
　　　　　吴　青　张亚青
总 策 划　贾瑞武　段博原

图书在版编目（CIP）数据

数学教学参考书：基础模块. 下册／高等教育出版社教材发展研究所组编． -- 北京：高等教育出版社，2022.6（2023.2重印）
　ISBN 978-7-04-058515-5

Ⅰ. ①数… Ⅱ. ①高… Ⅲ. ①数学课-中等专业学校-教学参考资料 Ⅳ. ①G633.603

中国版本图书馆 CIP 数据核字（2022）第 061579 号

SHUXUE JIAOXUE CANKAOSHU：
JICHU MOKUAI

| 策划编辑 | 邵　勇 | 责任编辑 | 胡云霞 | 封面设计 | 李树龙 | 责任绘图 | 黄云燕 |
| 版式设计 | 王艳红 | 责任校对 | 刘娟娟 | 责任印制 | 田　甜 | | |

出版发行	高等教育出版社	网　　址	http://www.hep.edu.cn
社　　址	北京市西城区德外大街4号		http://www.hep.com.cn
邮政编码	100120	网上订购	http://www.hepmall.com.cn
印　　刷	北京市白帆印务有限公司		http://www.hepmall.com
开　　本	889 mm×1240 mm　1/16		http://www.hepmall.cn
印　　张	7.5		
字　　数	160 千字	版　　次	2022 年 6 月第 1 版
购书热线	010-58581118	印　　次	2023 年 2 月第 2 次印刷
咨询电话	400-810-0598	定　　价	24.80 元

本书如有缺页、倒页、脱页等质量问题，请到所购图书销售部门联系调换
版权所有　侵权必究
物 料 号　58515-00

前　言

2020年1月教育部颁布了《中等职业学校数学课程标准》(以下简称《课程标准》),《课程标准》颁布后高等教育出版社组织编写出版了"十四五"职业教育国家规划教材(中等职业学校公共基础课程教材)——《数学 基础模块》。

《课程标准》明确了"数学"是中等职业学校学生必修的一门公共基础课程,明确了中职数学课程性质和任务、目标、学科核心素养、学业质量和课程实施等。《课程标准》与以前的《教学大纲》最大的区别在于更注重学生全面发展,注重对学生的培养,注重对学生发展的评价。《课程标准》对学生经过某一学段之后的学习结果进行描述,对应该知道什么和能做什么作出界定,而不仅仅是具体规定教学内容。因此,无论教材、教学还是评价,出发点都是为了《课程标准》中所规定的素质与能力的培养,最终的落脚点是培养学生的数学核心素养。《课程标准》蕴含了素质教育的前沿理论,体现了最新的课程改革精神,表现出了教育改革鲜明的时代气息。

主教材中每个知识点的引入都是由"情境与问题"栏目开始的,旨在引起学生的兴趣,使其能够进入到教师的教学中来。显然,这些情境与问题是抛砖引玉,授课教师可以根据教学内容使用更适合的、更好的资源进行补充完善。主教材中的"探究与发现"栏目旨在借助逻辑推理和理性思考,在保持学生学习兴趣的同时,进一步提升和发展学生的内生力。本教学参考书在"教学建议"栏目中对主教材上"探究与发现"栏目中的问题给出了解答和使用建议,帮助教师在教学中灵活运用这些问题,提振学生的兴趣,使学生能够高质量地参与到教学中来,力争做到"课上动起来,课下忙起来"。主教材中的"温馨提示""拓展延伸""趣味数学"等栏目旨在帮助学生学会思考,并在思考和学习中得到锻炼与提高。主教材中的"数学文化"栏目旨在助力教师在教学中渗透数学文化,提高和体现数学的育人价值,将课程思政元素有机融入日常教学中,润物细无声,育人在细微处。

主教材设计新颖活泼的导入,激发学生的学习兴趣,让教学精彩起来;创设交流、合作、探索的空间,合作、互动,让教学生动起来;体验数学学习的乐趣,让学生动手动脑,培养求真、求实的科学态度,启迪思维,让教学深刻起来;尊重学生、鼓励创新,让评价多元起来。这就是《数学》教材的特色目标。与主教材配套的教学参考书,旨在帮助教师更深刻地理解《课程标准》,用好教材,让教学更上一层楼。

教学参考书中的"教学要求",主要包括"教学目标"(以下简称"目标")和"课程内容与学时建议"(以下简称"学时建议")。"目标"是指知识目标、能力目标和素养目标;"学时建议"

是以表格的形式呈现,便于教师快捷地抓取要点。"评价建议"主要包括"水平层次""样题举例"和"评价方法"。"水平层次"以表格的形式呈现;"样题举例"展示水平一和水平二的题目的难易程度,使教学更有针对性;"评价方法"对过程性评价和结果性评价给出了一些建议。"教学建议"一般包含9部分内容。"知识准备"是根据所要讲授的知识内容需要简要回顾初中知识和前面学过的知识;"教学目标"详细地描述知识目标、能力目标和情感目标;"教学提示"按照主教材顺序写明教材的编写意图、教到什么程度、采用的教学方法及详细的教学建议等;"问题设计"提供一些教学中的问题供教师参考,主要目的是通过这些问题吸引学生参与到教学中来,先有参与,再进一步提高参与质量,体现以学为中心的教学理念;当教师讲完一节课,会对自己的教学有总结、有思考,"教学反思"的目的就是为教师留下一个可以记录的地方,同时作为引导,即引导教师课后反思本节教学内容的教学设计、教学效果、教学创新、课程育人、学生参与情况等,日积月累,教师的教学水平会有长足进步。这些教学反思不仅是教师提高教学质量的宝贵经验和重要方法,也是我们进一步完善教材内容、提高教材质量的重要参考。此外,还有"新知结构""重点难点""延伸拓展"与"习题答案"。"教案示例"是教学实录示例,展示教师对某个教学环节的设计,或针对某种核心素养的教学活动的设计,或运用信息化手段进行教学的示例,这些案例大都取材于教师们的教学比赛获奖案例。"素养拓展"是针对本章内容,为教师提供向学生介绍和展示所教授知识的来龙去脉或发展过程或实际应用的素材。

我们在编写本教学参考书时做了很多新的尝试,力图提供一本有时代特色、实用易用的教学参考书,以引导中职数学教师积极投身到教学研究、教学改革和教学实践中去,并取得更多优秀的教学成果。

本书是《数学 基础模块(下册)》的教学参考书,包括指数函数与对数函数、直线与圆的方程、简单几何体、概率与统计初步四章。

本书配有学习卡资源,请登录Abook网站http://abook.hep.com.cn/sve获取相关资源。详细说明见本书"郑重声明"页。

本书由高等教育出版社教材发展研究所组织编写,山东大学秦静担任总主编,黑龙江教师发展学院毕渔民、陕西省教育科学研究院郭为担任主编。此外,参加编写的还有西安综合职业中专吴青、合阳县职业教育中心张亚青。在本书的编写过程中,还邀请了相关行业企业的工程技术人员参与了研讨和编写工作,以使书稿内容能够进一步贴近生产实际,体现职业岗位需求,满足一线教学需要。在编写过程中,部分省市教研室和一线数学教师提供了很好的建议和意见,在此表示衷心的感谢!

由于编者水平有限,书中错误与疏漏之处在所难免,欢迎广大读者批评指正。读者反馈邮箱:zz_dzyj@pub.hep.cn。

编 者
2022年1月

目 录

第5章　指数函数与对数函数 …………… 1
  Ⅰ　教学要求 ………………………………… 1
  Ⅱ　评价建议 ………………………………… 2
  Ⅲ　教学建议 ………………………………… 4
    5.1　实数指数幂 …………………………… 4
    5.2　指数函数 ……………………………… 7
    5.3　对数 …………………………………… 9
    5.4　对数函数 ……………………………… 12
    5.5　指数函数与对数函数的应用 ………… 15
    复习题5答案 ……………………………… 18
  Ⅳ　教案示例 ………………………………… 19
    对数函数 …………………………………… 19
  Ⅴ　素养拓展 ………………………………… 23
    浅谈对数的由来与发展 …………………… 23

第6章　直线与圆的方程 ………………… 25
  Ⅰ　教学要求 ………………………………… 25
  Ⅱ　评价建议 ………………………………… 26
  Ⅲ　教学建议 ………………………………… 27
    6.1　两点间距离公式和线段的中点
        坐标公式 ……………………………… 27
    6.2　直线的方程 …………………………… 30
    6.3　两条直线的位置关系 ………………… 37
    6.4　圆 ……………………………………… 42
    6.5　直线与圆的位置关系 ………………… 45
    6.6　直线与圆的方程应用举例 …………… 48
    复习题6答案 ……………………………… 51
  Ⅳ　教案示例 ………………………………… 52
    直线的倾斜角与斜率 ……………………… 52
  Ⅴ　素养拓展 ………………………………… 58

    波利亚教我们怎样解题 …………………… 58

第7章　简单几何体 ……………………… 60
  Ⅰ　教学要求 ………………………………… 60
  Ⅱ　评价建议 ………………………………… 61
  Ⅲ　教学建议 ………………………………… 64
    7.1　多面体 ………………………………… 64
    7.2　旋转体 ………………………………… 68
    7.3　简单几何体的三视图 ………………… 71
    复习题7答案 ……………………………… 75
  Ⅳ　教案示例 ………………………………… 77
    圆锥 ………………………………………… 77
  Ⅴ　素养拓展 ………………………………… 80
    立体几何初步的定位 ……………………… 80

第8章　概率与统计初步 ………………… 82
  Ⅰ　教学要求 ………………………………… 82
  Ⅱ　评价建议 ………………………………… 83
  Ⅲ　教学建议 ………………………………… 85
    8.1　随机事件 ……………………………… 85
    8.2　古典概型 ……………………………… 89
    8.3　概率的简单性质 ……………………… 92
    8.4　抽样方法 ……………………………… 94
    8.5　统计图表 ……………………………… 99
    8.6　样本的均值和标准差 ………………… 103
    复习题8答案 ……………………………… 106
  Ⅳ　教案示例 ………………………………… 107
    古典概型 …………………………………… 107
  Ⅴ　素养拓展 ………………………………… 113
    数学建模简介 ……………………………… 113

第5章 指数函数与对数函数

I 教学要求

一、教学目标

1. 理解有理数指数幂的概念，掌握实数指数幂及运算法则；理解指数函数、对数函数（含常用对数、自然对数）的概念、图像及性质；了解积、商、幂的对数.

2. 通过具体实例（如细胞分裂），了解指数函数、对数函数模型在生活中的应用，体会指数函数、对数函数是一种重要的函数模型.

3. 通过有理数指数幂的运算，提高计算技能；通过计算器的使用，提高工具使用技能；结合生产生活中的实例，运用指数函数与对数函数模型，提高学生的数学思维能力和分析问题、解决问题的能力.

4. 经历指数函数、对数函数的认知过程，感悟数学思维的严谨；参与数学建模的过程，感受生活中的数学模型，体会数学知识的应用；经历合作学习的过程，培养团队合作意识.

5. 在学习中运用数形结合的思想方法，逐步培养直观想象、数学运算、数学抽象、数学建模等核心素养.

二、课程内容与学时建议

本章教学约需 13 学时，具体分配建议见表 5-1.

表 5-1

内容	内容要求	学时建议
5.1 实数指数幂	理解有理数指数幂的概念，能进行根式与分数指数幂的互化；掌握实数指数幂及运算法则	2
5.2 指数函数	理解指数函数的概念，画出具体指数函数的图像，探究总结它的性质，并能灵活运用	2
5.3 对数	了解对数的概念，了解自然对数与常用对数，积、商、幂的对数及运算法则，会进行指数式与对数式的互化	4

续表

内容	内容要求	学时建议
5.4 对数函数	理解对数函数的概念,掌握对数函数的图像和性质,能解决简单问题;知道指数函数和对数函数互为反函数	3
5.5 指数函数与对数函数的应用	初步掌握从实际情境中抽象出指数函数、对数函数模型解决简单实际问题的方法,体会指数函数、对数函数是一类重要的函数模型	1
机动	习题课、复习课、测试等	1

Ⅱ 评价建议

一、水平层次(表5-2)

表5-2

学业水平描述	
水平一	水平二
在熟悉的单一情境中: 1. 能体会指数从正整数推广到有理数、实数的过程,知道实数指数幂的运算; 2. 能借助几何直观和代数运算认识指数函数,知道指数函数的定义及性质;会用指数函数的单调性比较同底指数幂的大小; 3. 会用对数的定义进行指数式与对数式的互化; 4. 能借助几何直观和代数运算认识对数函数,知道对数函数的定义及性质;会用对数函数的单调性比较同底对数值的大小; 5. 会用计算工具求指数幂和对数值	在熟悉的关联情境中: 1. 达到水平一的1—5; 2. 会根据对数的性质和运算法则进行对数运算; 3. 会用指数函数、对数函数的图像和性质解决问题; 4. 能通过数学建模,解决简单的与指数函数或对数函数有关的实际问题

二、样题举例

1. 讨论 n 次根式($\sqrt[n]{a}$)中 a 的取值范围.

说明:通过 $b^n = a (n \in \mathbf{N}^*, n>1)$,介绍 n 次根式的概念时,对 a 的取值范围,不能只是简单地给出 $a>0$,而是要分 n 为奇数和偶数两种情况进行讨论.当 n 为偶数时,$a \geq 0$;当 n 为奇数时,a 为任意实数.能独立完成此题即可视为达到学业水平一.

2. 证明对数的三个性质.

说明：(1) 因为 $a^0=1$，所以利用对数的定义，得 $\log_a 1=0$.

(2) 因为 $a^1=a$，所以利用对数的定义，得 $\log_a a=1$.

(3) 因为 $a>0, a\neq 1$，所以 $N=a^b>0$，即对数式 $\log_a N=b$ 中的真数 $N>0$.

能独立完成此题即可视为达到学业水平二.

3. 已知 $a^{\frac{4}{5}}>a^{\sqrt{2}}$，求实数 a 的取值范围.

说明：学生可根据指数函数的图像和性质进行求解.能独立完成此题即可视为达到学业水平二.

4. 某公司为实现 1 000 万元利润的目标，准备制订奖励方案：在销售利润达到 10 万元时，按销售利润进行奖励，且奖金 y（万元）随销售利润 x（万元）的增加而增加，但奖金不超过 5 万元且不超过利润的 25%.现有三个奖励模型：$y=0.25x$，$y=\log_7 x+1$，$y=1.002^x$.问：其中哪个模型能符合公司的要求？

说明：引导学生分析例题中三个函数的不同增长情况对奖励模型的影响，使学生明确问题的实质是比较三个函数的增长情况，进一步体会三个基本函数模型在实际中的广泛应用，体会它们的增长差异.教师可通过软件作图，帮助学生认识函数的单调性变化特点，如指数爆炸、对数增长等不同函数模型的含义及其差异，认识数学与现实生活、与其他学科的密切联系，从而体会数学的实用价值和内在变化规律.能独立完成此题即可视为达到学业水平二.

三、评价方法

1. 指数函数、对数函数的概念比较抽象，计算较多，评价时首先考查学生对概念、图像和性质的掌握情况；对于基本计算和计算器的应用，重点评价学生能否准确运算和掌握计算器的操作.知识评价以课堂为主，根据学生在课堂提问中的表现，及其对例题和练习题的完成情况，关注每一位学生的掌握水平.对于解题能力的培养，要让学生掌握指数函数、对数函数概念的要素内涵，解题和用计算器时关注步骤，在过程中形成能力.

2. 指数函数、对数函数的实际应用评价，主要考查学生对典型问题的一般解题方法的掌握情况，如 GDP 的增长问题、考古应用中碳 14 的衰减、地震的震级测算、pH 的测定等，通过作业批阅评价学生的掌握水平，关注学生的知识拓展情况，提升学科素养.

3. 应强调在基本初等函数学习中所蕴含的数学思想方法，如数形结合的思想（用幂函数、指数函数、对数函数的图像探究函数的性质）、归纳思想、类比思想（通过指数的运算律类比对数的运算律）等.引导学生运用类比的思想方法，将幂函数、指数函数、对数函数的研究方法统一起来，并加以归纳总结，注重思想方法灵活运用的过程评价.

Ⅲ 教 学 建 议

5.1 实数指数幂

一、知识准备

1. 正整数指数幂的概念.
2. 二次根式的概念.

二、新知结构(图 5-1)

图 5-1

三、教学目标

1. 了解 n 次根式的概念;理解分数指数幂的定义;掌握实数指数幂的运算法则.

2. 正确进行实数指数幂的运算;掌握根式与分数指数幂之间的转化;会利用计算器求根式和分数指数幂的值.

3. 经历合作学习的过程,培养团队合作意识;培养学生的数学运算能力与观察能力.

四、重点难点

重点:实数指数幂的运算法则.

难点:分数指数幂的概念.

教学中,运用类比方法讲解是突破教学重点的关键.

五、教学提示

1. 本节内容主要包括有理数指数幂、实数指数幂.教师可引导学生复习正整数指数幂,帮助学生了解指数从正整数到有理数、再到实数的拓展过程;培养和提升学生的数学运算、直观想象、数学抽象和数学建模等核心素养.

2. 介绍 n 次根式是为指数概念的推广做必要准备,教学目的是讲清楚其概念.

3. 课前可以让学生复习初中阶段所学的平方根与立方根的相关知识.初中数学教材中关于平方根的概念是:如果 $x^2=a(a>0)$,那么 $x=\pm\sqrt{a}$ 称为 a 的平方根(二次方根),其中 $\sqrt{a}$ 称为 a

的算术平方根.这里重点是让学生清楚,平方根的概念来自平方运算.同样,立方根的概念来自立方运算.这样,在后面的教学中介绍 n 次根式的知识就顺理成章了.

4. 要向学生强调:平方根有两个,其中正的平方根称为算术平方根;立方根只有一个.因此,教学中还要指出:开平方时,被开方数为非负数;开立方时,被开方数为任意实数.

5. 复习整数指数幂的概念时,可以从具体数字开始.正整数指数幂的概念是指数概念推广的基础,教学中要讲清楚的是:求 a 的 n 次幂的运算称为乘方运算,运算的结果称为 a 的 n 次幂.

6. 把正整数指数幂推广到整数指数幂时,规定:$a^0=1$,$a^{-n}=\dfrac{1}{a^n}$(其中 $n\in \mathbf{N}^*$,$a\neq 0$).把整数指数幂推广到有理数指数幂时,规定:$a^{\frac{m}{n}}=\sqrt[n]{a^m}$(其中 $m,n\in \mathbf{N}^*$,$n>1$),$a^{-\frac{m}{n}}=\dfrac{1}{a^{\frac{m}{n}}}=\dfrac{1}{\sqrt[n]{a^m}}$(其中 $m,n\in \mathbf{N}^*$,$n>1$ 且 $a\neq 0$);当 n 为偶数时,a 的取值应使 $\sqrt[n]{a^m}$ 或 $\dfrac{1}{\sqrt[n]{a^m}}$ 有意义.括号内的规定是为了与幂函数的研究相呼应,教学中可作为了解内容,不必强化练习.

7. 例题与练习题.(1) 例 4 是关于有理数指数幂的运算,是培养学生计算技能的主要载体.例 5 是底为字母的运算.将各式都写成分数指数幂的形式,按照运算顺序进行运算,这是有理数指数幂运算中需要特别注意的地方,要结合例题讲解予以强调.(2) 练习 5.1.1 中的第 3 题和练习 5.1.2 中的第 4 题是利用计算器进行运算.不同品牌的计算器,计算 n 次根式的操作存在差异,教师要根据学生的计算器合理介绍.

8. 习题.习题 5.1A 组【知识巩固】是基础性知识,教师可引导学生多做练习,巩固基础,为以后的学习打下坚实的基础.B 组【能力提升】中的第 1 题考查学生对实数指数幂运算法则灵活运用的程度.第 2 题考查学生对计算器的使用能力.

六、问题设计

指数函数中,为什么规定 $a>0$ 且 $a\neq 1$?

教学中,教师可以先让学生讨论,然后再汇总学生的观点进行总结.教材在介绍指数的概念时,将指数推广到了全体实数,尽管我们没有对此做进一步研究,但还是可以将指数函数的定义域理解为 $\mathbf{R}$.关于指数函数 $y=a^x$($a>0$ 且 $a\neq 1$)成立条件的理解为:当 $a\leq 0$ 时,对于 x 的某些值,指数函数 y 无意义;当 $a=1$ 时,指数函数 y 是常数.所以,研究指数函数时,必须要求满足条件 $a>0$ 且 $a\neq 1$.

七、延伸拓展

了解无理数指数幂的意义并思考 $2^{\sqrt{3}}$ 是否为实数.

八、习题答案

练习 5.1.1

1. (1) $\sqrt[4]{5^3}$; (2) $\dfrac{1}{\sqrt[6]{8}}$; (3) $\dfrac{1}{\sqrt[7]{a^3}}$; (4) $\dfrac{1}{\sqrt[3]{a^2}}$.

2. (1) $10^{\frac{1}{4}}$; (2) $\left(\dfrac{7}{2}\right)^{\frac{1}{2}}$; (3) $5.6^{\frac{5}{4}}$; (4) $a^{-\frac{4}{5}}$.

3. (1) 2.280; (2) 0.488; (3) 0.577.

练习 5.1.2

1. (1) $a^{\frac{5}{2}}$; (2) $a^{\frac{2}{5}}$.

2. (1) $5^{\frac{23}{12}}$; (2) $3^{\frac{4}{3}}$.

3. (1) $a^{\frac{1}{6}}$; (2) $9ab^{\frac{29}{6}}$.

4. (1) 0.033; (2) 21.702.

习题 5.1

A 组

1. (1) 1; (2) $-\dfrac{1}{8}$; (3) $\dfrac{1}{81x^4}$; (4) $3x$.

2. (1) $\left(\dfrac{3}{10}\right)^{\frac{1}{2}}$; (2) $1.5^{\frac{4}{3}}$; (3) $\dfrac{1}{7\sqrt{7}}$; (4) $\sqrt[3]{3.4^2}$.

3. (1) 0.5; (2) $3^{\frac{1}{6}}2^{\frac{1}{3}}$; (3) $3^{\frac{4}{3}}$; (4) 6.

4. (1) $a^{-\frac{3}{2}}b^{\frac{1}{2}}$; (2) $\dfrac{4}{3}a^{-1}b^{\frac{2}{3}}$.

5. (1) 0.354; (2) 2.359; (3) 39.905; (4) 64.000.

B 组

1. (1) $\dfrac{432}{5}$; (2) $\dfrac{109}{100}$.

2. (1) 0.212; (2) 8.825.

C 组

约 48.4%. 提示: $P=\left(\dfrac{1}{2}\right)^{\frac{6\,000}{5\,730}}\approx 0.484$.

九、教学反思

1. 学习效果_____

2. 教学创新_____

3. 教学诊改

5.2 指数函数

一、知识准备

1. 细胞分裂的视频.
2. 函数的概念.

二、新知结构(图5-2)

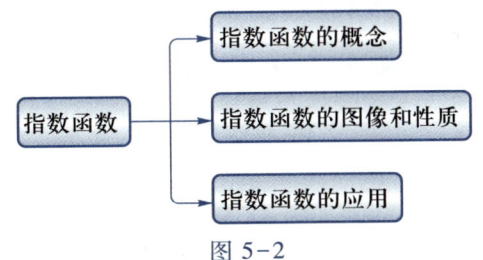

图 5-2

三、教学目标

1. 理解指数函数的概念、图像及性质.
2. 了解指数函数在生产生活中的应用,从而培养学生分析与解决问题的能力.
3. 参与数学建模过程,感受生活中的数学模型,体会数学知识的应用;经历合作学习的过程,培养团队合作和探索意识.

四、重点难点

重点:在理解指数函数定义的基础上掌握指数函数的图像和性质.
难点:指数函数中底数 a 的变化对函数值的影响.
教学中,数形结合方法的应用是解决重难点的关键.

五、教学提示

1. 本节内容主要包括指数函数及其图像与性质、指数模型及其应用举例.教学中应注重培养学生数形结合的思想,提高解决问题的能力.掌握计算工具的使用,培养学生借助计算工具运算的能力和意识.

2. 由细胞分裂问题引出指数函数的概念.利用教学动画等资源,帮助学生创设学习情境,提高学习兴趣.

3. 指数函数与幂函数是学生容易混淆的两个函数.教学中要向学生指出,幂函数中的自变量在底的位置,指数函数中的自变量在指数的位置,帮助学生将它们清晰地区分.

4. 在中等职业教育阶段,我们主要研究初等函数.初等函数在其定义域内是连续的,定义在一个区间内的函数,就可以直接采用"描点法"经过"设值、列表、描点、连线"的步骤绘制图像.由于指数函数是定义在$(-\infty,+\infty)$内的函数,所以绘制指数函数$y=2^x$与$y=\left(\dfrac{1}{2}\right)^x$的图像时,可以直接采用上述步骤.

5. 例题与练习题.(1)例1"比较两个数值的大小"和例2"求函数的定义域"是为了巩固指数函数的性质而设置的.让学生掌握利用指数函数的性质比较函数值的大小.教学中,建议以学生自主研讨为主.(2)练习5.2中的第1、2题是为了加深学生对指数函数性质的理解.

6. 习题.习题5.2B组【能力提升】中的第4题呼应了本节"情境与问题"中的细胞分裂实例,是典型的指数增长模型.C组【学以致用】中的第2题是关于产品售价的问题,是典型的指数减少模型.教师可通过这两道习题,引导学生总结出指数函数模型的特点,巩固知识,为学生认识、理解、使用指数函数模型奠定基础.

六、问题设计

怎样研究指数函数$y=2^x$与$y=\left(\dfrac{1}{2}\right)^x$的图像和性质?

(1)首先要求学生通过计算列出两个函数的对应值列表.

(2)建议让学生在同一个直角坐标系中,描点画出两个函数的图像.

(3)充分利用图像来分析两个函数的性质,并进行对比.

(4)教师可以利用软件工具画出两个函数的标准图像.

(5)在画图之前,可以先分析两个函数的解析式,从中分析函数的某些性质,如定义域、值域、单调性等,再利用图像观察和认识函数的性质和变化规律.

(6)可以对比正整数指数函数$y=2^x(x\in \mathbf{N}^*)$和实数指数函数$y=2^x(x\in \mathbf{R})$,分析它们的联系与区别.

七、延伸拓展

在本节教学中,教师要多发挥信息技术的辅助作用,使用计算机软件绘制函数图像.在条件允许的情况下,可让每位学生进行软件绘图操作,观察指数函数$y=a^x$的图像在a及x变化时的变化规律.

八、习题答案

练习 5.2

1. (1)$1.8^{2.5}<1.8^3$;(2)$0.5^4<0.5^{-7}$.

2. (1)$(-\infty,0)\cup(0,+\infty)$;(2)$\mathbf{R}$.

习题 5.2

A 组

1. (1) >；(2) >；(3) >.

2. (1) $(-\infty, 1) \cup (1, +\infty)$；(2) **R**.

3. (1) $1.9^{2.5} < 1.9^3$；(2) $0.8^{-0.1} < 0.8^{-0.2}$.

4. 略.

5. $a = 3$.

B 组

1. $\left(\dfrac{1}{2}, 1\right) \cup (1, +\infty)$.

2. $\dfrac{1}{9}$. 提示：由 $f(3) = \dfrac{1}{27}$ 得 $a = \dfrac{1}{3}$，$f(2) = \left(\dfrac{1}{3}\right)^2 = \dfrac{1}{9}$.

3. (1) $(-\infty, 3]$；(2) $[1, 2) \cup (2, +\infty)$.

4. 256. 提示：每 15 min 分裂 1 次，经过 2 h 共分裂 8 次，则 $y = 2^8 = 256$（个）.

C 组

1. 约 161 km². 提示：$100(1+10\%)^5 \approx 161$（km²）.

2. 约 512 元. 提示：$1\,000(1-20\%)^3 \approx 512$（元）.

九、教学反思

1. 学习效果＿＿＿＿＿＿＿＿＿＿＿＿＿＿＿＿＿＿＿＿＿＿＿＿＿＿＿＿＿＿

2. 教学创新＿＿＿＿＿＿＿＿＿＿＿＿＿＿＿＿＿＿＿＿＿＿＿＿＿＿＿＿＿＿

3. 教学诊改＿＿＿＿＿＿＿＿＿＿＿＿＿＿＿＿＿＿＿＿＿＿＿＿＿＿＿＿＿＿

5.3 对数

一、知识准备

1. 指数式与对数式的互化.

2. 指数模型实例.

二、新知结构（图 5-3）

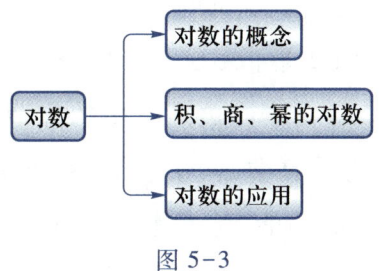

图 5-3

三、教学目标

1. 理解对数的概念；掌握利用计算器求对数值的方法；了解积、商、幂的对数.

2. 会进行指数式与对数式之间的互化，掌握对数的运算性质.

3. 培养计算工具的使用技能，体验使用计算器带来的便利，养成科学严谨、认真规范、注意细节的习惯.

4. 经历由指数得到对数的过程，并探究对数运算性质，在这个过程中进行猜想，得出规律，再进行证明，体会化归的思想.

5. 让学生探索、研究、体会、感受对数概念的形成和发展过程.

四、重点难点

重点：对数的定义，对数的运算性质及应用.

难点：对数符号的理解.

教学中，深入理解对数概念的形成是突破难点的关键.

五、教学提示

1. 关于对数概念的学习，要抓住对数与指数之间的关系.让学生从指数式中理解底数 a 和真数 N 应满足的条件.对数的性质：(1) $\log_a 1 = 0$；(2) $\log_a a = 1 (a>0, a \neq 1)$；(3) 零和负数没有对数.关于对数的性质的理解，教师可以引导学生通过指数式来验证对数的性质，从而更深刻地理解它们，并熟练掌握指数式和对数式的互化.

2. 对于运算法则的探究，教师可引导学生通过对具体例子的分析，自然形成法则结论.让学生的认识由感性上升到理性，由特殊推广到一般，归纳出法则，再利用指数式与对数式的关系完成证明，感受循序渐进的知识积累过程.也可以先让学生通过类比猜想对数的性质，再向学生呈现数据表格软件提供的数据，让学生观察 $\log_2 M, \log_2 N, \log_2(MN), \log_2 M + \log_2 N, \log_2 \dfrac{M}{N}$，$\log_2 M^n$ 等之间的关系，通过比较分析，探索得出对数的运算法则：(1) $\log_a(MN) = \log_a M + \log_a N$；(2) $\log_a \dfrac{M}{N} = \log_a M - \log_a N$；(3) $\log_a M^n = n\log_a M$.再从对数的定义出发对运算法则进行证明，要注意每一个对数式中字母的取值范围.

3. 对于运算法则的认识，首先可以引导学生类比指数运算法则对照记忆，其次要强化法则使用的条件，并且注意每一个对数式中字母的取值范围.

4. 例题与练习题.（1）例1与例2是指数式与对数式的互化.加深学生对概念的理解是解题的关键.要提醒学生注意，同一个量在不同关系式中的称谓是不相同的.如 b 在指数式中称为"指数"，而在对数式中称为"以 a 为底真数 N 的对数".例3是计算器的运用.常用对数与自然对数计算是一般科学计算器都具有的功能.例4是巩固对数运算法则.教学重点应放在运算法则的产生过程上,不要拘泥于严密的逻辑证明.从以往的教学实践看,学生容易犯的错误为:① $\log_a(M\pm N) = \log_a M \pm \log_a N$;② $\log_a(MN) = \log_a M \cdot \log_a N$;③ $\log_a M = \log_a M/\log_a N$;④ $\log_a M^n = (\log_a M)^n$.产生这种错误的主要原因是学生不了解知识的产生过程.因此,这节课的教学应重视运算法则的产生过程.(2)练习 5.3.1 中的第 4 题也是利用计算器计算对数的问题.在实际计算对数时,可引导学生按照教材"温馨提示"的操作步骤进行计算.

5. 习题.习题 5.3 C 组【学以致用】是对数的应用问题,即放射性物质的衰变.教学时,要注意帮助学生理解题意,弄清各字母的含义,以及它们在对数式中的具体名称和计算方法.可以让学生自己思考解决问题,以培养学生分析解决问题的能力.

六、问题设计

利用计算器计算 lg 2+lg 5,让学生产生"为什么结果是 1,而不是想象中的 lg 7"的疑问.学生带着这个问题学习积、商、幂的对数会更有意义.

七、延伸拓展

教材给出了对数换底公式,如果能将其他底数的对数转换成以 10 为底的对数,就能方便地求出任意不为 1 的正数为底的对数,课后指导学生灵活运用.

八、习题答案

练习 5.3.1

1. (1) $\log_2 16 = 4$;(2) $\log_{0.5} 0.125 = 3$;(3) $\log_5 18 = x$.

2. (1) $0.1^{-1} = 10$;(2) $81^{\frac{3}{4}} = 27$;(3) $5^{-4} = \frac{1}{625}$.

3. (1) 4;(2) 1;(3) 0;(4) 1.

4. (1) 0.653;(2) 2.485;(3) -0.106.

练习 5.3.2

1. (1) $\frac{1}{3}\lg x$;(2) $\lg x + \lg y + \lg z$;(3) $\frac{1}{2}\lg x + \frac{1}{4}\lg y - \frac{1}{3}\lg z$.

2. (1) 19.提示:$\log_2 4^7 + \log_2 2^5 = 7\times 2 + 5 = 19$;

(2) 2.提示:$\ln e^2 = 2$.

3. $a + \frac{3}{2}b$.提示:$\frac{1}{2}\ln 108 = \frac{1}{2}\ln 2^2 \times 3^3 = \frac{1}{2}(2\ln 2 + 3\ln 3) = \ln 2 + \frac{3}{2}\ln 3 = a + \frac{3}{2}b$.

习题 5.3

A 组

1. (1) $\log_2 7 = x$; (2) $(0.25)^2 = \dfrac{1}{16}$; (3) 22.

2. (1) $3\lg x + \dfrac{1}{2}\lg y$; (2) $3\lg x + 3\lg y - 3\lg z$; (3) $4\lg y - 2\lg x$.

3. (1) -3; (2) -4; (3) $\dfrac{1}{3}$.

4. 0.805.

B 组

1. (1) 7. (2) $\dfrac{1}{2}$; (3) 2.

2. 5.提示:$\lg a(a-3)=1$,$a(a-3)=10$,$a=-2$(舍)或 $a=5$.

3. (1) $a+b$; (2) $b-a$.

4. 0.提示:$(\lg 5+\lg 2)^2-1=0$.

C 组

2 100 多年前.提示:$t = 5\,730\log_{\frac{1}{2}}0.767 \approx 2\,193$(年),所以马王堆古墓是 2 100 多年前的遗址.

九、教学反思

1. 学习效果_____
2. 教学创新_____
3. 教学诊改_____

5.4 对数函数

一、知识准备

1. 指数函数的有关概念和性质.
2. 指数式和对数式的互化.

二、新知结构(图 5-4)

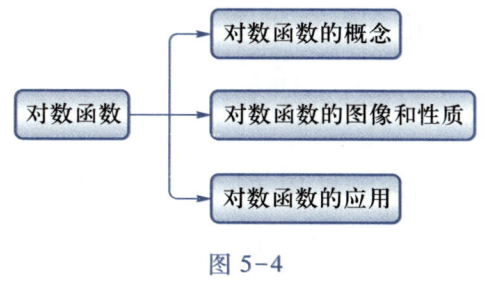

图 5-4

三、教学目标

1. 通过具体实例,直观了解对数函数模型所表示的数量关系,初步理解对数函数的概念,知道对数函数模型是一类重要的函数模型.

2. 能通过绘制指数函数图像,体会、归纳、掌握对数函数的性质.

3. 了解指数函数 $y=a^x(a>0,a\neq 1)$ 与对数函数 $y=\log_a x(a>0,a\neq 1)$ 互为反函数.

4. 通过具体的应用实例,体会对数函数模型的建构过程,培养学生严谨的思维习惯和分析与解决问题的能力.

5. 经历合作学习的过程,培养学生的团队合作意识.

四、重点难点

重点:对数函数的图像及性质.

难点:对数函数中底数 a 的变化对函数值的影响.

教学中,利用数形结合的方法探究对数函数的图像和性质是突破教学难点的关键.

五、教学提示

1. 对数函数的概念.教学时,应先简明扼要地复习函数的概念,然后组织学生讨论研究"对于一般的指数函数 $y=a^x(a>0$ 且 $a\neq 1)$ 中的两个变量,能不能把 y 当作自变量,使得 x 是 y 的函数?"引出函数 $x=\log_a y(a>0$ 且 $a\neq 1)$.对数函数的定义:函数 $y=\log_a x(a>0$ 且 $a\neq 1)$ 称为对数函数.其中 x 是自变量,函数的定义域是 $(0,+\infty)$.在学习对数函数的概念时,要强调底数 a 必须满足 $a>0$ 且 $a\neq 1$ 的条件,定义域是 $(0,+\infty)$.

2. 指数函数 $y=a^x(a>0,a\neq 1)$ 和对数函数 $y=\log_a x(a>0$ 且 $a\neq 1)$ 的关系.由指数函数导出对数函数,要组织学生讨论研究"这个函数与原来的函数有什么关系?",对数函数 $y=\log_a x(a>0$ 且 $a\neq 1)$ 与指数函数 $y=a^x(a>0$ 且 $a\neq 1)$ 互为反函数,并强调它们是同底的指数函数和对数函数,以使学生理解对数函数的概念.

3. 类比指数函数的研究方法,充分利用数形结合的方法,类比指数函数的性质,探究、总结对数函数的图像和性质(定义域、值域、特殊点、单调性等).通过对特殊对数函数的图像和性质的研究推广到一般对数函数的研究.

4. 可让学生观察对数函数 $y=\log_2 x, y=\log_3 x, y=\log_5 x$,在底数 a 变化时,对数函数 $y=\log_a x$ ($a>1$)的单调性变化规律,并对结论进行猜测.教师可用绘图软件演示其图像变化,与学生共同归纳出对数函数的性质.

5. 例题和练习题.

例 1 是为了让学生熟悉对数函数的性质.例 2 是为了让学生能够比较两个同底的对数函数值大小.教学时,可让学生结合练习 5.4 中的第 1、2 题讲练结合,巩固基础.

6. 习题.习题 5.4 B 组【能力提升】中的第 2 题是不同底的对数函数值大小的比较,主要考查学生对对数函数性质的灵活运用,可引导学生利用数形结合的方法求解.

六、问题设计

教学中,可引导学生对于底数为 a 的对数函数 $y=\log_a x$($a>1$)的增长快慢进行思考讨论.课后可让学生对对数函数 $y=\log_a x$($0<a<1$)进行讨论.方法是通过画具体函数的图像,例如 $y=\log_{\frac{1}{2}} x, y=\log_{\frac{1}{3}} x, y=\log_{\frac{1}{5}} x$,并观察函数图像的变化情况,进行猜测、讨论、总结.教师再用计算机等演示这些函数图像的变化,总结出规律,为后续解决问题提供便利.

七、延伸拓展

与以往的教学相比,指数函数与对数函数在教学策略上的变化是,突出指数函数与对数函数的重要性,强调这两个函数模型的实际背景和应用价值.例如:要求学生通过具体实例了解指数函数模型、对数函数模型;通过收集现实生活中普遍使用的指数函数和对数函数的模型实例,了解它们的广泛应用;强调通过计算工具,比较指数函数、对数函数变化的差异,以及作为不同的函数模型的应用等.使学生明白数学的学习不只是对知识的学习、理解和掌握方面,更要体现以知识为载体的育人价值,使学生更好地认识数学的价值,认识数学与现实生活、与其他学科的密切联系,从而体会数学的应用价值等.

八、习题答案

练习 5.4

1.（1）$(-\infty, 2)$;（2）$(0,1) \cup (1,+\infty)$;（3）$\left(-\infty, \dfrac{2}{3}\right)$;（4）$[1,+\infty)$.

2.（1）$\lg 7 < \lg 7.1$;（2）$\lg_{0.1} 5 < \lg_{0.1} 3$;

（3）$\log_{\frac{2}{3}} 0.5 > \log_{\frac{2}{3}} 0.6$;（4）$\ln 0.1 < \ln 0.2$.

习题 5.4

A 组

1.（1）$\left(-\infty, \dfrac{1}{2}\right)$;（2）$(0,1)$;（3）$(1,2]$;（4）$(1,+\infty)$.

2. 1.提示:$f(99) = \lg 100 - 1 = 2 - 1 = 1$.

3. $(-\infty, 0) \cup (3, +\infty)$.

4. (1) $\log_2 5 < \log_2 9$;(2) $\log_{\frac{1}{3}} 0.4 > \log_{\frac{1}{3}} 0.7$;(3) $\log_5 6 > \log_6 5$;(4) $\log_{0.5} 0.6 > \log_5 0.7$.

5. $(2, +\infty)$.

6. $(4, +\infty)$.

B 组

1. (1) $(-\infty, -1) \cup (1, +\infty)$;(2) $(1, 2]$;(3) $(2, 3) \cup (3, +\infty)$.

2. $b > a > c$.

3. $a < b$.

C 组

正常. 提示:$pH = -\lg 4.0 \times 10^{-8} = -(\lg 4 - 8 \lg 10) = 8 - \lg 4 \approx 8 - 0.602 = 7.398$.

九、教学反思

1. 学习效果_____

2. 教学创新_____

3. 教学诊改_____

5.5 指数函数与对数函数的应用

一、知识准备

1. 指数函数的概念和性质.
2. 对数函数的概念和性质.

二、新知结构(图 5-5)

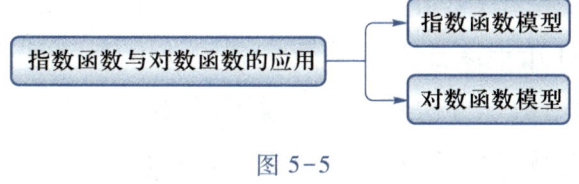

图 5-5

三、教学目标

1. 通过实际问题,培养学生分析问题和解决问题的能力,提高运用数学模型的意识,体现指数函数和对数函数的应用价值.

2. 初步掌握从实际情境中抽象出指数函数或对数函数模型,解决简单的与指数函数或对数函数有关的实际问题.渗透数学建模的思想,提高学生学习数学的兴趣.

3. 通过讨论不同的函数模型的应用,让学生更好地认识数学,认识数学与生产生活实际密不可分,体会数学的应用价值.

4. 逐步认识函数是描述宏观世界变化规律的基本数学模型,体验指数函数、对数函数与现实世界的密切联系及其在描述现实问题中的作用.

四、重点难点

重点:将实际问题转化成指数函数、对数函数模型,培养学生分析与解决问题的能力和运用数学模型的意识.

难点:根据实际问题建立相应的指数函数和对数函数模型.

教学中,引导学生理解题意、归纳题型是突破教学难点的关键.

五、教学提示

1. 本节课主要采用问题导向教学法和分组合作教学法.在教学过程中,教师可从学生身边的实例开始,引起学生的兴趣,让学生体会所学知识的应用性和重要性,以提高学生学习数学的兴趣,培养学生分析问题和解决问题的能力.通过本节内容,让学生体会指数函数与对数函数是解决自然科学领域中有关实际问题的重要工具,是今后进一步学习科学知识的基础.教师应当结合学生的专业特点,增设有关例题,突出数学为专业课服务的教学理念.

2. 教师在引导学生构造指数函数或对数函数模型时,应分析影响方案选择的因素,使学生认识到要做出正确的选择必须多方面考虑,最终选择合适的数学模型解决简单的实际问题.

3. 教师可借助计算机软件,帮助学生解决实际问题,提升学生对指数函数模型与对数函数模型的理解能力.

4. 注重培养和提升学生的数学运算、直观想象、数学抽象和数学建模等核心素养.

5. 例题与练习题.通过"情境与问题"栏目引导学生阅读题目,找出关键语言、关键数据,让学生在教师的引导下,通过分析概括将实际问题抽象为数学问题.指导学生充分理解年增长率的含义,第一个"情境与问题"可以转化为"已知年营业收入增长率为8%,利用指数函数求得经过10年的营业收入".第二个"情境与问题"可以转化为"已知人口的年平均增长率为1.25%,利用指数函数求经过几年该县人口总数将超过140万".通过对这两个"情境与问题"的分析和转化,让学生体会用数学方法将实际问题化为数学问题,并加以解决的过程;让学生在运算中体会指数函数与对数函数的应用.教师应对解答过程进行总结,由学生归纳解决实际应用问题的步骤,并结合练习5.5,让学生熟练掌握该步骤.

6. 习题.通过习题5.5,引导学生分析题意,选择正确的函数模型,准确解决实际问题,巩固本节所学的知识.

六、问题设计

教材通过"情境与问题"栏目给出了两个问题,帮助学生通过分析理解题意建立函数模型解决实际问题的思路.请学生收集生活中的实例,通过不断探究、思考,总结出解决实际问题的步骤.

七、延伸拓展

1. 画出具体函数 $y=2x,y=100^x,y=\log_2 x$ 的图像,观察图像增长的差异,认识、体会直线上升、指数爆炸、对数增长等不同函数模型增长的含义.

2. 收集一些社会生活中普遍使用的单调递增的一次函数、指数函数、对数函数的实例,对它们的增长速度进行比较;了解函数模型在生产生活中的广泛应用,有时同一个实际问题可以建立多个函数模型,在具体应用时,应该选用合理的函数模型.

八、习题答案

练习 5.5

1. 约 1 697.11 万吨.提示:$1\,500(1+2.5\%)^5 \approx 1\,697.11$(万吨).

2. 约 18.87 万元.提示:$100(1-8\%)^{20} \approx 18.87$(万元).

3. 约 5 年.提示:$100(1-10\%)^x = 60$.

4. 2059 年.提示:$75(1+0.7\%)^x = 100$.

习题 5.5

A 组

1. 13 年.提示:$1\,000(1+20\%)^x \geq 10\,000$.

2. $y=300(1+2.5\%)^x (x \in \mathbf{N}^*)$.

3. 171.94.提示:2023 年该地区的 GDP 为 $900(1+6\%)^3 \approx 1\,071.91$.

B 组

1. 2030 年.提示:设 n 年年底该企业的产值可以达到 260 万元,则 $130(1+7.5\%)^{n-2\,020}=260$.

2. 300 只.提示:当 $x=1$ 时,$y=100$,得 $a=100$.因此,当 $x=7$ 时,$y=100\log_2 8=300$(只).

3. 约 147 万件.

C 组

略.

九、教学反思

1. 学习效果 _____

2. 教学创新 _____

3. 教学诊改 _____

复习题5答案

A 组

一、1. C.

2. B.

3. D.

4. A.

5. C.

6. C.

7. D.

8. D.

9. B.

10. B.

11. C.

12. B.

13. A.

14. A.

15. B.

二、16. $7^{-\frac{3}{4}}$.

17. $\log_{\frac{2}{5}}\frac{125}{8}=-3$.

18. 4.5.

19. -4.

20. $\log_5\frac{1}{2}<5^{-\frac{1}{2}}<5^{\frac{1}{2}}$.

三、21. $\frac{1}{9}$.

22. 略.

23. （1）1；（2）-2.

24. （1）$-\frac{2}{3}$；（2）$9\sqrt{3}$.

25. （1）$(-\infty,1)$；（2）**R**.

26. 34.87 万元.

B 组

1. （1）$(-\infty,0)\cup(1,+\infty)$；（2）$(0,100)$.

2. $[4,+\infty)$.

3. $\left(-\infty,\dfrac{1}{2}\right]$.

4. $\left[3\dfrac{1}{4},4\right]$.

5. （1）$y=a(1+r)^x(x\in \mathbf{N}^*)$；

（2）1 117.68 元. 提示：$1\,000(1+2.25\%)^5\approx 1\,117.68$（元）.

6. $[0,120]$. 提示：因为 $L_I=10\lg\dfrac{I}{10^{-12}}$，令 $I=1$，得 $L_I=10\lg 10^{12}=120$，令 $I=10^{-12}$，得 $L_I=10\lg 1=0$，所以人听觉的声强级范围为 $[0,120]$.

Ⅳ 教案示例

对数函数

一、教学目标

1. 通过具体实例，直观了解对数函数模型所表达的数量关系，初步理解对数函数的概念，知道对数函数模型是一类重要的函数模型.

2. 观察对数函数的图像，总结对数函数的性质，培养学生的观察能力；通过具体的应用实例，培养学生的数学思维能力和分析与解决问题的能力.

3. 在学习对数函数的过程中，树立严谨的思维习惯；参与数学建模过程，认识生活中的数学模型，体会数学知识的应用；经历合作学习的过程，培养团队合作意识.

二、重点难点

重点：对数函数的图像及性质.

难点：对数函数中底数 a 的变化对函数值的影响.

三、学时安排

1 学时（45 min）.

四、教学过程(表 5-3)

表 5-3

教学环节	教学内容	师生活动	设计意图
引出概念 (3 min)	(一)揭示课题 5.4 对数函数 (二)创设情境 兴趣导入 **1. 问题** 某种细胞分裂时,由 1 个分裂成 2 个,2 个分裂成 4 个,……那么,如果我们知道分裂得到的细胞个数,如何求得细胞分裂的次数呢? **2. 解决** 设 1 个细胞经过 y 次分裂后得到 x 个细胞,则 x 与 y 的函数关系为 $x=2^y$,写成对数式为 $y=\log_2 x$,此时自变量 x 位于真数位置	教师提示学生观察课件中的关键点,并提出问题,共同分析. 学生思考得出解决方法	导入实例,易于学生想象,领会函数意义. 培养学生发现问题、解决问题的能力
巩固概念 (3 min)	(三)动脑思考 探索新知 一般地,形如 $y=\log_a x$ 的函数称为以 a 为底的**对数函数**,其中 $a>0$ 且 $a\neq 1$.对数函数的定义域为 $(0,+\infty)$,值域为 **R**. 例如,$y=\log_3 x, y=\lg x, y=\log_{\frac{1}{2}} x$ 都是对数函数	教师归纳概念,引导学生理解关键词,帮助学生记忆,并举例讲解. 学生根据理解和例子,列出更多对数函数	突破教学重点,提升学生对概念的理解能力,培养学生数学抽象的核心素养
探索新知 (10 min)	(四)运用旧知 探索规律 在同一直角坐标系中,利用"描点法"作函数 $y=\log_2 x$ 和 $y=\log_{\frac{1}{2}} x$ 的图像. 在对数函数的定义域 $(0,+\infty)$ 内,取 x 的一些特殊值,并计算对应的函数值 y,列表如下: 	x	…	$\frac{1}{4}$	$\frac{1}{2}$	1	2	4	…
---	---	---	---	---	---	---	---
$y=\log_2 x$	…	-2	-1	0	1	2	…
$y=\log_{\frac{1}{2}} x$	…	2	1	0	-1	-2	…			

教学环节	教学内容	师生活动	设计意图
探索新知 （10 min）	以表中 x 的值与函数 $y=\log_2 x$ 对应的 y 值为坐标，依次描点、连线，得到对数函数 $y=\log_2 x$ 的图像；以表中 x 的值与函数 $y=\log_{\frac{1}{2}} x$ 对应的 y 值为坐标，依次描点、连线，得到函数 $y=\log_{\frac{1}{2}} x$ 的图像，如下图所示： 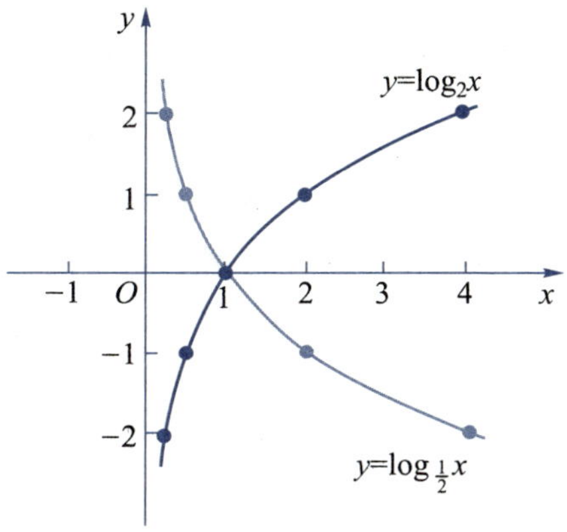 观察函数图像发现： （1）函数 $y=\log_2 x$ 和 $y=\log_{\frac{1}{2}} x$ 的图像都在 y 轴的右边； （2）函数图像都经过点 $(1,0)$； （3）函数 $y=\log_2 x$ 的图像自左向右呈上升趋势；函数 $y=\log_{\frac{1}{2}} x$ 的图像自左向右呈下降趋势； （4）函数 $y=\log_2 x$，当 $0<x<1$ 时，$y<0$；当 $x>1$ 时，$y>0$。函数 $y=\log_{\frac{1}{2}} x$，当 $0<x<1$ 时，$y>0$；当 $x>1$ 时，$y<0$	教师提问对数函数的作图办法，引导学生提出"描点法作图"方案． 师生共同完成列表、绘图，并观察图形特点，归纳两个函数的共性．此处可以用绘图软件展示	通过复习描点作函数图像的方法，进一步培养学生数学运算的核心素养，强化数形结合的数学思维 在过程中培养学生的探究兴趣
精炼新知 （10 min）	**（五）动脑思考 归纳梳理** 由以上实例，我们可以归纳出对数函数 $y=\log_a x$（$a>0$ 且 $a\neq 1$）的图像和性质如下： | 特点	$a>1$	$0<a<1$
---	---	---
图像	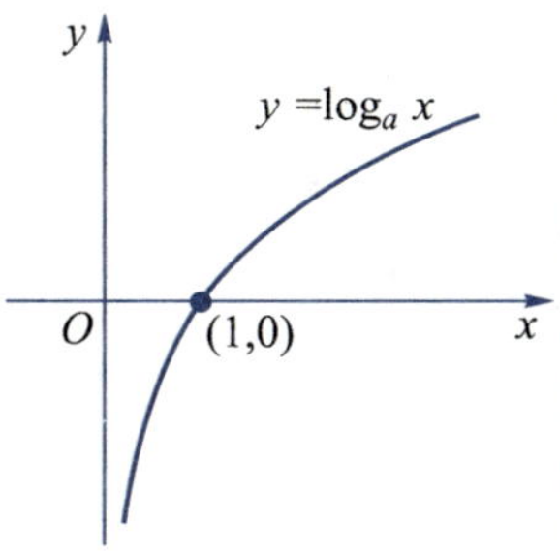 $y=\log_a x$ 图像，过点 $(1,0)$	$y=\log_a x$ 图像，过点 $(1,0)$
	定义域：$(0,+\infty)$；值域：$(-\infty,+\infty)$	
	图像过点 $(1,0)$	
性质	在 $(0,+\infty)$ 上是增函数	在 $(0,+\infty)$ 上是减函数
	当 $0<x<1$ 时，$y<0$； 当 $x>1$ 时，$y>0$	当 $0<x<1$ 时，$y>0$； 当 $x>1$ 时，$y<0$		教师引导学生根据归纳指数函数性质的思路，归纳对数函数的性质，帮助学生记忆	通过列表完成归纳，便于学生记忆，突破本节教学重点、难点，培养学生的抽象思维能力

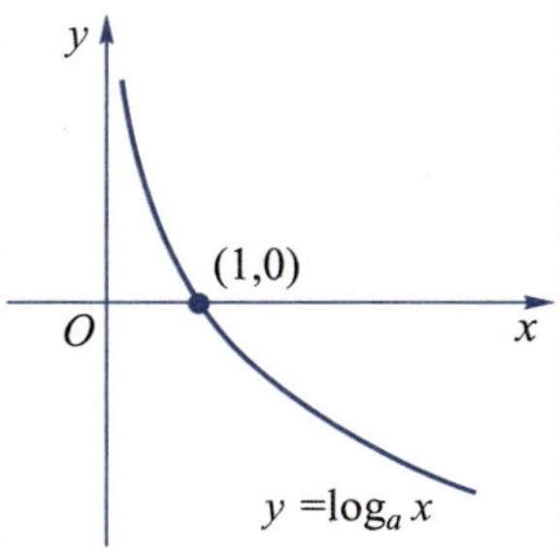

续表

教学环节	教学内容	师生活动	设计意图
运用新知 (8 min)	**(六) 运用知识 典例分析** **例1** 求下列函数的定义域： （1）$y=\log_2(x-5)$；（2）$y=\dfrac{1}{\log_{0.5}x}$. **分析** 要依据"零和负数没有对数"，即对数的真数大于零，求函数的定义域. **解** （1）由 $x-5>0$，得 $x>5$. 所以，函数 $y=\log_2(x-5)$ 的定义域为 $(5,+\infty)$； （2）由 $\begin{cases}\log_{0.5}x\neq 0,\\ x>0.\end{cases}$ 得 $\begin{cases}x\neq 1,\\ x>0.\end{cases}$ 所以，函数 $y=\dfrac{1}{\log_{0.5}x}$ 的定义域为 $(0,1)\cup(1,+\infty)$ **例2** 比较下列各组中两个数值的大小. （1）$\log_3 0.7$ 与 $\log_3 0.8$；（2）$\log_{0.23}4$ 与 $\log_{0.23}5$. **解** （1）由函数 $y=\log_3 x$ 可知，$a=3>1$，所以 $y=\log_3 x$ 在 $(0,+\infty)$ 内是增函数. 又因为 $0<0.7<0.8$，所以 $\log_3 0.7<\log_3 0.8$. （2）由函数 $y=\log_{0.23}x$ 可知，$a=0.23<1$，所以 $y=\log_{0.23}x$ 在 $(0,+\infty)$ 内是减函数. 又因为 $0<4<5$，所以 $\log_{0.23}4>\log_{0.23}5$	例1，教师提示定义域的要点，由学生说出对数定义域的意义，师生共同完成. 例2，教师提示比较大小的关键，和学生共同观看对函数图像性质图表，由学生得出解题的关键，并掌握根据底数判断对数值大小的方法	进一步巩固教学重点难点及应用，培养学生的逻辑思维和基本运算能力
巩固新知 (8 min)	**(七) 知识巩固 强化练习** 1. 选择题. （1）若函数 $y=\log_a x$ 的图像经过点 $(2,-1)$，则 $a=$（　）. A. 2　　B. -2　　C. $\dfrac{1}{2}$　　D. $-\dfrac{1}{2}$ （2）下列对数函数在区间 $(0,+\infty)$ 上为减函数的是（　）. A. $y=\lg x$　　B. $y=\log_{\frac{1}{2}}x$ C. $y=\ln x$　　D. $y=\log_2 x$ 2. 作出下列函数的图像并判断它们在区间 $(0,+\infty)$ 上的单调性. （1）$y=\log_3 x$；（2）$y=\log_{\frac{1}{3}}x$. 3. 教材中练习 5.4 的第 1 题和第 2 题	根据学生情况，分组完成每个小题，并由每个小组派代表，展示结果，老师点评	及时了解学生对知识掌握的情况

续表

教学环节	教学内容	师生活动	设计意图
总结归纳 （3 min）	（八）归纳小结 反思提升 1. 本次课学习了哪些内容？重点和难点各是什么？ 2. 书面作业：教材中习题5.4 A【知识巩固】的第1—3题	教师引导学生回忆本节课的关键知识点，复习对数的图像和性质，以及例2的解题关键点.表扬课堂表现好的学生，激励进步明显的学生，布置作业	培养学生总结、反思、学习的能力
教学总结	**1. 教学特色** （1）在学习指数函数的基础上，选用了相同的细胞分裂情景，使本节课的引入和探究过程较为自然. （2）进一步巩固了数形结合的数学思想，在学习中强化了学生的逻辑思维和数学运算等核心素养. （3）师生共同完成新知学习的全过程，体现了以学生为中心的教育理念，课堂气氛浓厚，激发了学生的学习兴趣. **2. 教学反思** 用软件作图以教师演示为主，没有实现每位学生参与		

Ⅴ 素养拓展

浅谈对数的由来与发展

对数产生于17世纪20年代.那时，航海人员为了确定船舶在大海中的航程与位置，天文工作者为了处理观察行星运动所得到的数据，都必须对具有很多数位的数进行繁复的计算，对数就是为了适应这种需要而产生的.

对数的创始人是苏格兰数学家纳皮尔.纳皮尔对数字计算很有研究，由他发明的作乘除法用的"纳皮尔算筹"与球面三角中的"纳皮尔比拟式"等在当时都颇负盛名.但是这些成就与他所创始的对数比起来就显得微不足道了.恩格斯曾把对数的发明、解析几何学的创始以及微积分学的创始并列为17世纪数学的三大成就.

纳皮尔于1614年出版了《奇妙的对数定律说明书》，向世人公布了他的对数发明，并解释了这项发明的特点.当时指数概念尚未形成,纳皮尔不是从指数出发,而是通过研究直线运动得出对数的概念.

与纳皮尔同时代的瑞士人别尔基也独立发现了对数,可能还早于纳皮尔,但直到1620年才发表,这时纳皮尔对数已经闻名全欧了.

英国数学家布里格斯最先认识到对数的重要性.他于1616年专程去苏格兰拜访纳皮尔,并提出改良对数的建议,以便于应用.1617年,纳皮尔逝世,布里格斯以全部精力继承纳皮尔的事业,并于1624年出版《对数算术》一书,公布了以10为底的14位对数表,这种对数被称为常用对数.布里格斯还用"首数"这个术语来称呼对数的整数部分.而"尾数"一词则是由英国牛津大学教授华里斯于1693年首先使用.此后,一直到18世纪,瑞士数学家欧拉才发现了指数与对数的天然联系,他指出"对数源出于指数",这个见解很快被人们普遍接受.由于欧拉著作的影响,"首数"与"尾数"等术语得以通行.

第 6 章 直线与圆的方程

I 教学要求

一、教学目标

1. 在平面直角坐标系中,掌握两点间距离公式与线段的中点坐标公式;建立直线的代数方程,研究直线之间的位置关系、两条直线的交点坐标、点到直线的距离;在平面直角坐标系中,建立圆的方程,研究直线与圆的位置关系.
2. 体验用代数的思想和方法研究平面图形的几何特征,体现数形结合的数学思想和方法.
3. 学生在掌握运用代数方法研究几何问题的方法的同时,提高发现问题、提出问题、分析问题与解决问题的能力,进一步提升学生的直观想象、数学抽象、逻辑推理、数学运算和数学建模等核心素养.

二、课程内容与学时建议

本章教学约需要 17 学时,具体分配建议见表 6-1.

表 6-1

内容	内容要求	学时建议
6.1 两点间距离公式和线段的中点坐标公式	掌握两点间距离公式与线段的中点坐标公式	1
6.2 直线的方程	理解直线的倾斜角与斜率的概念;掌握直线斜率的计算方法.掌握直线的点斜式和斜截式方程.了解直线方程的一般式形式;掌握直线的点斜式方程化为一般式方程的方法,掌握直线的斜截式方程与一般式方程之间的互化	4
6.3 两条直线的位置关系	掌握求两条相交直线的交点坐标的方法.理解两条直线平行的条件;掌握两条直线平行的判定方法.理解两条直线垂直的条件;掌握两条直线垂直的判定方法.了解点到直线的距离公式	5

续表

内容	内容要求	学时建议
6.4 圆	了解圆的定义；掌握圆的标准方程；了解二元二次方程表示圆的条件和圆的一般方程.	3
6.5 直线与圆的位置关系	理解直线与圆的位置关系及判定方法，初步掌握直线与圆相交时弦长的求法及圆的切线方程的求法.	2
6.6 直线与圆的方程应用举例	初步掌握用直线方程与圆的方程解决实际问题的方法	1
机动	习题课、复习课、测试等	1

Ⅱ 评价建议

一、水平层次（表6-2）

表6-2

学业水平描述	
水平一	水平二
在熟悉的单一情境中： 1. 体会在直角坐标系中推导两点间距离公式和线段的中点坐标公式的过程，能计算两点间的距离和中点坐标； 2. 会借助几何直观认识直线倾斜角的定义，会根据条件计算直线的斜率； 3. 会求直线的点斜式、斜截式和一般式方程； 4. 会判断平面内两条直线的位置关系，会求两条直线的交点坐标，知道点到直线的距离公式； 5. 借助几何图形直观认识圆的要素，会根据圆心和半径写出圆的标准方程，会根据圆的方程判断圆心和半径； 6. 会根据圆心到直线的距离判断直线与圆的位置关系	在熟悉的关联情境中： 1. 达到水平一的1—6； 2. 能将直线方程的点斜式、斜截式和一般式进行相互转化； 3. 会用待定系数法求与已知直线平行（或垂直）的直线方程；会求点到直线的距离； 4. 会用待定系数法求圆的标准方程和一般方程，会根据圆的方程求圆心和半径； 5. 会求圆的切线方程； 6. 会求直线与圆相交时的弦长； 7. 能通过数学建模，解决与直线方程和圆的方程有关的实际问题

二、样题举例

1. 求下列直线的斜率，并将方程化为直线的一般式方程.

（1）$y=2x+3$；（2）$y+2=-\dfrac{2}{3}(x-1)$.

说明:此题考查学生对直线的点斜式方程、斜截式方程与一般式方程进行互化的能力.能熟练地进行转化完成此题即可视为达到学业水平二.

2. 已知点 $P(1,m)$ 到直线 $l_1:3x-4y-6=0$ 的距离为1,求实数 m 的值.

说明:此题是点到直线的距离公式的应用,学生会求点到直线的距离,再求实数 m 的值.能独立完成此题即可视为达到学业水平二.

3. 已知圆 $x^2+y^2-4x+4y+6=0$.

(1) 求圆心坐标和半径.

(2) 求圆截直线 $x-y-5=0$ 所得弦的长度.

说明:对于第一个问题,学生借助几何图形直观认识圆的要素,会根据圆的方程求出圆心坐标和半径.能独立完成问题(1)即可视为达到学业水平一.对于第二个问题,有不同的方法可以解答,需要学生具有点到直线的距离公式和勾股定理的知识基础,或掌握两点间距离公式,由此求圆截直线所得弦的长度.能独立完成问题(2)即可视为达到学业水平二.

4. 已知圆 $C:x^2+y^2=1$,判断过点 $Q(0,\sqrt{2})$ 与圆 C 有几条切线,并求切线方程.

说明:判断过点 $Q(0,\sqrt{2})$ 与圆 $C:x^2+y^2=1$ 有几条切线,也就是要求学生判断点 $Q(0,\sqrt{2})$ 在圆内、圆上还是圆外,这是学业水平一的要求.关于切线方程,学生可利用点到直线的距离公式等于半径,先求出切线方程的斜率,再求出圆的切线方程.能独立完成此题即可视为达到学业水平二.

三、评价方法

教学过程中,教师一定要根据数学课程标准,通过教材分析、学情分析,对教学过程进行情境预设,通过学生对预设问题的解答情况可以查看、审阅、检查学生对知识的掌握情况,同时在学生解题的过程中了解、分析、观察学生在数学抽象、逻辑推理和直观想象等核心素养方面的提升情况.教师可以采用以问题为导向的方法,观察学生对问题进行探究、解决的过程,给予过程性评价,激发学生的学习热情,培养学生的学习兴趣,检验学生的学习效果.

Ⅲ 教 学 建 议

6.1 两点间距离公式和线段的中点坐标公式

一、知识准备

1. 点的坐标的表示方法.

2. 勾股定理.

二、新知结构(图6-1)

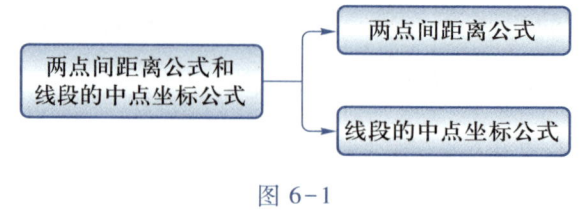

图6-1

三、教学目标

1. 理解两点间距离公式和线段的中点坐标公式.

2. 探究两点间距离公式和线段的中点坐标公式的解题方法.

3. 解题过程中,需要学生掌握两点间距离公式,并认真计算,养成一丝不苟的品质;培养数学运算等核心素养.

四、重点难点

重点:两点间距离公式与线段的中点坐标公式的运用.

难点:两点间距离公式的理解,感悟数形结合的思想方法,数学运算等核心素养的培养.

教学中,引导学生熟练掌握勾股定理的应用是解决教学重点的关键.

五、教学提示

两点间距离公式和线段的中点坐标公式的推导过程不复杂,重点在于理解推导过程中蕴含的思想、方法和对两个公式的运用.

1. 两点间距离公式.我们知道,直角坐标系中的任意一点可以用一对有序实数对(X,Y)表示.也就是说,平面直角坐标系中的任意一点与有序实数对(X,Y)一一对应.结合图形,教师先引导学生观察、分析和总结两点在数轴上时,$P_1(x_1,y_1)$,$P_2(x_2,y_2)$间的距离公式,当两个点在x轴上时,有$y_1=y_2=0$,所以$|P_1P_2|=|x_2-x_1|$;同理,当两点在y轴上时,有$|P_1P_2|=|y_2-y_1|$.再结合图形,由勾股定理(直角三角形斜边的平方等于两个直角边平方的和)可知,在平面直角坐标系中,知道任意两点的坐标,可以推导出这两点间的距离公式.教学时,应强调不同象限中的点的横坐标和纵坐标的符号不同,并强调坐标轴上点的坐标的特点.教学过程中,应强调距离一定是大于或等于 0 的数,而且两点间距离与两点的顺序无关,即 $|AB|=\sqrt{(x_2-x_1)^2+(y_2-y_1)^2}=\sqrt{(x_1-x_2)^2+(y_1-y_2)^2}$.

2. 线段的中点坐标公式.教师应引导学生练习求数轴上两点的中点坐标.数轴上两点的中点坐标是平面上两点的中点坐标公式的推导基础.线段的中点坐标公式的推导是利用平面上线段的两个端点,过两点向坐标轴作垂线,利用坐标轴上点的位置关系推导出线段的中点坐标公式.

3. 例题与练习题.（1）例 1 是让学生熟悉两点间距离公式,运用两点间距离公式直接求出两点间的距离.例 2 是直接运用线段的中点坐标公式求出线段的中点坐标,加深学生对线段的中点坐标公式的理解和记忆.例 3 是将两点间距离公式和线段的中点坐标公式的知识结合在一起,建立两部分知识间的联系,培养学生分析问题和解决问题的能力.（2）练习 6.1 中的第 2 题是帮助学生熟练利用公式求解,提高学生的数学运算能力.第 4 题是在原有知识的基础上设计的,没有给出具体的数值,题目难度有所加深,但解题的方法不变.

4. 习题.习题 6.1A 组【知识巩固】中的第 4 题是对"探究与发现"栏目中相关问题的思考应用,旨在培养学生的逆向思维,训练学生灵活解决问题的能力.第 5 题需要学生掌握两点间距离公式和直角三角形的判定方法,利用已有知识解决问题.B 组【能力提升】共 4 道题,是对本节知识的综合应用,考查学生对知识的理解程度.教师可引导学生结合本节的知识重点,通过变式训练,突破教学难点,帮助学生完成关联情境下的数学问题.C 组【学以致用】的题目需要教师创设情境,帮助学生分析三点共线的条件,由师生共同完成.

六、问题设计

1. 两点间距离公式.教学中,教师可以提出问题:初中阶段,我们在平面直角坐标系中,如何表示点的坐标？学生通过思考该问题,可以复习已有的知识,为新知识的学习打好基础.

2. 线段的中点坐标公式.教学中,教师可以提出问题:在平面直角坐标系中,经过不在坐标轴上的一点,如何向坐标轴作垂线？教师可通过该问题引导学生思考垂线的定义,为推导线段的中点坐标公式打好基础.

七、延伸拓展

请学生结合本节学习的知识研讨以下结论:（1）点 $A(x_1,y_1)$ 关于直线 $x=a$ 对称的点 B 的坐标为 $(2a-x_1,y_1)$;（2）点 $A(x_1,y_1)$ 关于直线 $y=b$ 对称的点 B 的坐标为 $(x_1,2b-y_1)$;（3）一个函数的图像关于点 (a,b) 对称,此函数满足的关系式为 $f(x)=2b-f(2a-x)$.

教师可引导学生利用已经学习过的知识进行研讨:对于第 1 题,可以利用数形结合的方法,在平面直角坐标系中画出图形,A、B 两点连线的中点坐标是 $(a,0)$,可以求出点 B 的坐标为 $(2a-x_1,y_1)$;同理对于第 2 题,可以求出点 B 的坐标为 $(x_1,2b-y_1)$;根据上述研讨的内容可对第 3 题进行推理,即一个函数上任意一点 (x,y) 关于点 (a,b) 对称的点的坐标为 $(2a-x,2b-y)$,则点 $(2a-x,2b-y)$ 也在此函数上.那么,对 $f(2a-x)=2b-y$ 移项,可得 $y=2b-f(2a-x)$.注意,这里可以将 y 看成是 $f(x)$.所以,若一个函数的图像关于点 (a,b) 对称,则此函数应满足的关系式为 $f(x)=2b-f(2a-x)$.

八、习题答案

练习 6.1

1. $M(-2,4)$;$N(1,1)$;$P(2,-2)$;$Q(-1,-2)$.

2. (1) $|AB|=3\sqrt{2}$,线段 AB 的中点坐标为 $\left(\dfrac{1}{2},1\dfrac{1}{2}\right)$;(2) $|CD|=5$,线段 CD 的中点坐标为 $\left(5\dfrac{1}{2},1\right)$;(3) $|PQ|=5$,线段 PQ 的中点坐标为 $\left(0,\dfrac{1}{2}\right)$.

3. (1) 中点 D 的坐标为 $(1,1)$;(2) 中线 AD 的长度为 $\sqrt{2}$.

4. $|AB|=3\sqrt{2}|a-b|$,线段 AB 的中点坐标为 $\left(\dfrac{3a+3b}{2},\dfrac{3a+3b}{2}\right)$.

习题 6.1

A 组

1. (1) $2\sqrt{13}$;(2) $5,\sqrt{13},\sqrt{26}$;(3) $(1,-1)$;(4) $\sqrt{74},\left(-1\dfrac{1}{2},1\dfrac{1}{2}\right)$.

2. 所求的点 P 的坐标为 $(2+\sqrt{39},0)$ 或 $(2-\sqrt{39},0)$.

3. $|PQ|=2|a|$,线段 PQ 的中点坐标为 $(0,b)$.

4. 线段端点 P_2 的坐标为 $(6,1)$.

5. $|AB|=\sqrt{2}$,$|AC|=2$,$|BC|=\sqrt{2}$,根据直角三角形判断定理,可知 $\triangle ABC$ 是直角三角形.

B 组

1. $m=4,n=1$.

2. 点 B 的坐标为 $(-4,5)$.

3. 顶点 C 的坐标为 $(0,2\sqrt{3})$ 或 $(0,-2\sqrt{3})$.

4. 顶点 $A(6,5)$,顶点 $B(-2,3)$,顶点 $C(-4,-1)$.

C 组

略.

九、教学反思

1. 学习效果_____

2. 教学创新_____

3. 教学诊改_____

6.2 直线的方程

一、知识准备

1. 角的弧度概念.

2. 角的正切值的计算.

3. 一元一次方程和二元一次方程的表示方法.

二、新知结构(图 6-2)

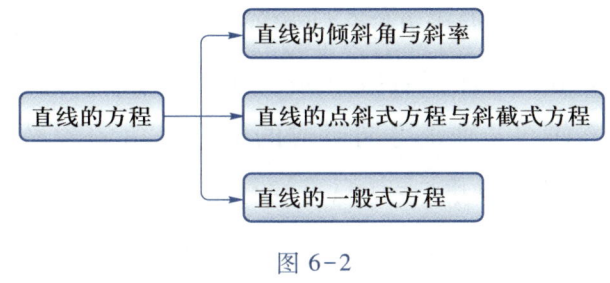

图 6-2

三、教学目标

1. 理解直线的倾斜角与斜率的概念;能够计算直线斜率;掌握直线的点斜式方程、斜截式方程和直线的一般式方程;掌握直线的点斜式方程、斜截式方程与一般式方程之间的互化.

2. 研究直线的倾斜角、斜率的概念与直线斜率的计算方法;体会直线的点斜式方程、斜截式方程和一般式方程的推导过程;领会直线的点斜式方程、斜截式方程和一般式方程之间互化的思想方法.

3. 学生能够运用代数方法研究几何问题,使学生在已有认知的基础上,领会数形结合的思想方法;培养学生分类讨论的能力和思维习惯,培养思辨的科学精神,以及数学抽象、逻辑推理的核心素养.

四、重点难点

重点:直线的斜率,直线的点斜式方程、斜截式方程和一般式方程的理解及互化.

难点:直线的斜率与其倾斜角之间的关系,直线的点斜式方程、斜截式方程和一般式方程的公式运用,根据已知条件求直线的方程,数学抽象与逻辑推理核心素养的培养.

斜率公式的理解是学生掌握直线有关知识的基础.教学中,加强"解析法"的介绍与理解是解决教学重点的关键.

五、教学提示

在直线的方程的教学中,教师首先要带领学生复习角度与弧度的有关知识,复习初中阶段已经学过的角的正切值的计算方法.重点理解斜率的概念,掌握斜率的计算方法,了解如何根据直线的几何特点来确定直线的方程,如何根据给定的直线方程确定直线的基本特点.

求直线的方程有两种方法.一种方法是已知直线上一个点的坐标和这条直线的斜率,可以确定直线的方程;另一种方法是已知直线上两个点的坐标,可以确定直线的方程.第二种方法可以转化为第一种方法,因此教学中教师可重点讲解第一种方法,让学生理解和掌握第一种方法.在直线的点斜式方程、斜截式方程和一般式方程的教学中,应突出点斜式方程的理解和应用.直线的斜截式方程和一般式方程都可以看作直线的点斜式方程的推论,加深和促进学生对斜率概念的理解和运用,使重点知识更加突出.

1. 直线的倾斜角与斜率.

（1）直线的倾斜角的定义是当直线 l 与 x 轴相交时,直线 l 向上的方向与 x 轴正方向所成的最小正角.教学中,为了加深学生理解直线的倾斜角的概念,教师可采用图形对照的表示形式直观地说明直线向上的方向与 x 轴正方向所成的最小正角的含义.特别要强调:当直线 l 与 x 轴平行或重合时,规定直线的倾斜角 $\alpha=0$.只有这样规定,倾斜角的取值范围才能为 $[0,\pi)$.

（2）直线的倾斜角和斜率都是反映直线相对于 x 轴正方向的倾斜程度.倾斜角的计算比较麻烦,学生不容易理解和应用.而直线的斜率可以通过倾斜角的正切来计算,也可以用直线上不同的两个点的坐标来计算,因此描述直线相对于 x 轴的倾斜程度,可以通过直线上任意两点的坐标表示,而不必求出直线的倾斜角.这样可以使学生比较容易理解,运算也比较方便.教学中,教师应重点介绍利用斜率描述直线相对于 x 轴正方向的倾斜程度.

（3）教学中,应重点强调过两点的直线的斜率公式.① 同一条直线上的任意两点所确定的斜率都相等,斜率的值与平面直角坐标系中两点的顺序无关.也就是说,同一条直线上任意两点的横坐标和纵坐标在公式中的次序可以同时交换.在求直线的斜率时,建议教师引导学生选择坐标数值比较简单的点计算直线的斜率.② 当 $x_1=x_2$,$y_1\neq y_2$（即直线与 x 轴垂直）时,直线的倾斜角 $\alpha=\dfrac{\pi}{2}$,其正切值不存在,即直线的斜率不存在,但直线存在.该直线是平行于 y 轴或与 y 轴重合的.也就是说,直线有倾斜角未必有斜率,但直线有斜率时必有倾斜角.③ 直线的斜率可以用直线的倾斜角 α 的其他三角函数表示,但用倾斜角 α 的正切值表示直线的倾斜程度最方便.直线的斜率 k 是一个数值,可以是任意实数.④ 直线的倾斜角的取值范围为 $[0,\pi)$.直线的斜率的变化情况如下:当 $\alpha=0$ 时,$k=0$;当 $0<\alpha<\dfrac{\pi}{2}$ 时,$k>0$;当 $\alpha=\dfrac{\pi}{2}$ 时,k 不存在;当 $\dfrac{\pi}{2}<\alpha<\pi$ 时,$k<0$.

（4）例题与练习题.①例1是对直线的斜率公式的理解与应用,对于直线与 x 轴平行的情况,学生不易理解,教师要讲解清楚直线与 x 轴平行,直线的斜率 $k=0$.例2是为了引导学生加深对斜率公式的理解,给出斜率,求倾斜角,在解题过程中,应注意培养学生的逆向思维能力,特别要注意角的取值范围.②练习6.2.1中的第1题是对已有知识的复习,要求学生记忆并熟练应用特殊角的三角函数值.第2题是斜率公式的应用,帮助学生记住斜率公式并提高学生的运算能力.第3、4题的题型一样,要求学生理解斜率公式,通过斜率公式可以求出未知实数的值.

2. 直线的点斜式方程与斜截式方程.

（1）引导学生理解直线上的任意一点的坐标都是直线的方程的解,以直线的方程的解为坐标的点一定在这条直线上.建立直线的方程与点的坐标之间的对应关系,建立数形之间的联系.

（2）巩固理解直线的斜率的公式.因为直线的点斜式方程是由直线的斜率公式推导出来

的,因此,直线的斜率公式是研究直线方程的基础.在推导直线的点斜式方程时,引导学生理解两点:① 建立直线的点斜式方程的主要依据是直线上任意一点与这条直线上的一个定点所确定的斜率都相等,并且是这条直线的斜率.在直线的点斜式方程 $y-y_1=k(x-x_1)$ 中,点 (x_1,y_1) 是直线上的一个定点,k 是直线的斜率.对于具体的直线来说,点 (x_1,y_1) 可以用直线上的其他定点来代替,但直线的斜率 k 不会改变.② 在得出方程 $\dfrac{y-y_1}{x-x_1}=k$ 后,必须要把它化为 $y-y_1=k(x-x_1)$ 的形式.因为方程 $\dfrac{y-y_1}{x-x_1}=k$ 必须要求 $x\neq x_1$,即表示直线上缺少点 $P_1(x_1,y_1)$,而 $y-y_1=k(x-x_1)$ 是表示这条完整直线的方程.

(3)给出直线的点斜式方程公式后,教师可组织学生讨论:当直线的斜率 $k=0$ 时,即直线 l 的方程为 $y=y_0$ 时,直线 l 平行于 x 轴(或与 x 轴重合),那么 x 轴所在的直线方程是什么?y 轴所在的直线方程是什么?加深学生对直线的点斜式方程的理解.

(4)由直线的点斜式方程可以推导出直线的斜截式方程.教学中,教师应强调两点:① 直线的斜截式方程中的 k 和 b 有明显的几何意义,k 是直线的斜率,b 是直线在 y 轴上的截距.教师一定要讲解清楚截距的概念,即截距是指直线与 y 轴交点的纵坐标.因此,截距的值可以是正数、负数或者零.还要重点强调截距不是距离.② 直线的斜截式方程与一次函数解析式的表达形式相同,但具体要求不同,一次函数的解析式要求 $k\neq 0$,而斜截式方程中的斜率 k 可以等于 0.

(5)例题与练习题.① 例3是点斜式方程的直接应用,是对新知识的巩固,在已有知识的基础上,引导学生掌握点斜式方程的求法.例4是帮助学生理解直线的斜截式方程中斜率和截距的几何意义,教师可引导学生根据直线的斜截式方程,直接得出答案.② 练习6.2.2中的第1—5题是为了加深学生对直线的点斜式方程和斜截式方程的理解和巩固,在题型上没有太多变化,在解题方法上与教材中的例题基本一致.

3. 直线的一般式方程.

(1)教学中,教师应重点强调,任何一条直线的方程都可以写成关于 x 和 y 的二元一次方程;直线的点斜式方程和斜截式方程可以转化为二元一次方程的一般形式,即 $Ax+By+C=0$.教师应引导学生明确直线上的点的坐标和二元一次方程的解存在对应关系,二元一次方程的一般形式 $Ax+By+C=0$ 就是直线的一般式方程.任何关于 x 和 y 的二元一次方程都表示一条直线.教师应将方程 $Ax+By+C=0$ 分为 $B\neq 0$ 和 $B=0$ 两种情况加以研究:① 当 $B\neq 0$ 时,方程可化为 $y=-\dfrac{A}{B}x-\dfrac{C}{B}$,是直线的斜截式方程.② 当 $B=0$ 时,方程可化为 $x=-\dfrac{C}{A}$,是与 y 轴平行或重合的直线方程.

(2)直线的方程有三种表示形式.在三种直线方程的互化中,重点是将直线的点斜式方程、斜截式方程化为直线的一般式方程.求直线的方程时,通常要求将结果写成直线的一般式方程.将直线的一般式方程化为直线的斜截式方程的目的,是求得直线的斜率和直线在 y 轴上的截距,为以后研究两条直线的位置关系打好基础.

（4）例题与练习题.① 例5是已知直线上的两点求直线的一般式方程.学生在本节课已经学会了求直线的点斜式方程并转化得到直线的一般式方程的方法,因此在例题中没有采用求直线的点斜式方程的方法,而是采用待定系数法,给学生多讲授一种解题的方法,拓宽学生解题的思路,为学生以后的学习打下基础.例6是已知直线的一般式方程,求直线的斜率和截距.教师可引导学生将直线的一般式方程转化为直线的斜截式方程,然后直接写出方程的斜率和截距.② 练习6.2.3中的第1、2题是为了提高学生对直线的点斜式方程、斜截式方程和一般式方程的互化能力.第3题需要学生加深对直线的一般式方程 $Ax+By+C=0$ 的理解:当直线平行于 x 轴时,$A=0$;当直线平行于 y 轴时,$B=0$.第4、5题是对已有知识的综合应用,应引导学生注意直线在坐标轴上的截距的含义,加深学生对截距概念的理解.

4. 习题.习题6.2A组【知识巩固】共5道题,是为了加深学生对教材中例题的理解,在题型和题的难度上与例题基本一致,解题思路和方法也相同.教师在进行例题讲解时,可以选取习题中的题进行讲练结合.B组【能力提升】中的第1—3题含有未知数,教师可依据已有知识,引导学生解决此类问题.C组【学以致用】是利用数形结合的思想方法解决问题,为学习两条直线的位置关系打好基础.

六、问题设计

1. 直线的倾斜角与斜率.

教师可提出问题:观察平面直角坐标系中(图6-3),过已知点 P 的任意一条直线,与 x 轴的位置关系有几种情况?

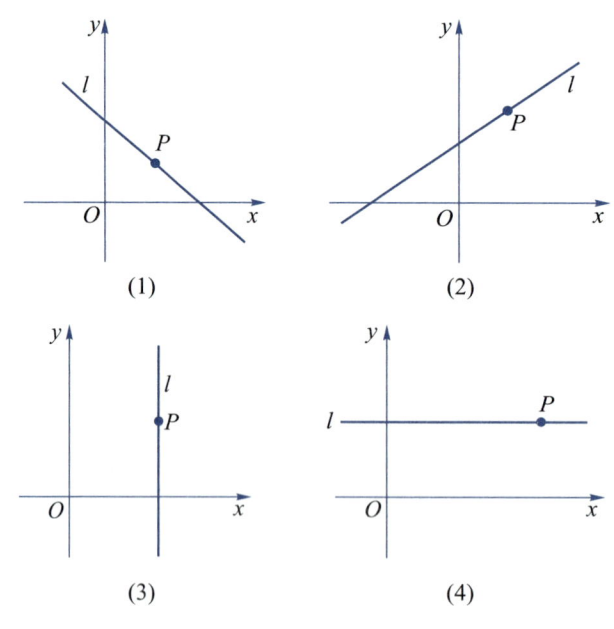

图 6-3

这四种情况都可以用直线 l 与 x 轴所成的角来描述.对于图6-3(1)(2)(3),我们规定:直线向上的方向与 x 轴正方向所成的最小正角称为这条直线的倾斜角.对于图6-3(4),则规定:当直线与 x 轴平行或重合时,它的倾斜角为0.

在定义直线的倾斜角概念之后,教师应进一步作下述分析:(1) 定义中包含三个条件,即直线向上的方向、x 轴的正方向、最小正角.这三个条件缺一不可.(2)"直线与 x 轴平行或重合时,它的倾斜角为 0",这个规定是倾斜角定义中的一个重要组成部分.(3) 倾斜角 α 的取值范围是 $0 \leq \alpha < \pi$.(4) 根据倾斜角的概念,在平面直角坐标系内,任何一条直线都有唯一的倾斜角.反之,直线倾斜角的大小确定了直线的方向.也就是说,直线的倾斜角客观地表示了直线对 x 轴的正方向的倾斜程度.因此,在求直线的倾斜角 α 时,要特别提醒学生注意 α 是钝角的情况,学生往往会在此处出现错误.

2. 直线的点斜式方程与斜截式方程.教师可提出问题:任意两点可以确定一条直线,那么任意两点可以确定一条直线的斜率吗? 直线上任意不同的两点,确定的斜率是相同的吗?

3. 直线的一般式方程.教师可提出问题:直线的点斜式方程与斜截式方程能否化为二元一次方程?

七、延伸拓展

学生在解题时,经常用到数形结合的思想方法.例如,已知直线方程,在直角坐标系中画出该直线,就是学生必须掌握的解题方法之一.教师可结合本节课的知识引导学生掌握更多具体的解题方法.

画一条直线时,只要找出直线上任意两点的坐标就可以了.通常是令直线方程中的 $y=0$,求出 x,再令 $x=0$,求出 y,这样就找到了直线与坐标轴的交点 $A(a,0)$,$B(0,b)$,过 A、B 两点的直线就是所求的直线.

八、习题答案

练习 6.2.1

1. 答案见表 6-3.

表 6-3

倾斜角 α	0	$\dfrac{\pi}{6}$	$\dfrac{\pi}{4}$	$\dfrac{\pi}{3}$	$\dfrac{\pi}{2}$	$\dfrac{2\pi}{3}$	$\dfrac{3\pi}{4}$	$\dfrac{5\pi}{6}$
斜率 k	0	$\dfrac{\sqrt{3}}{3}$	1	$\sqrt{3}$	不存在	$-\sqrt{3}$	-1	$-\dfrac{\sqrt{3}}{3}$

2. (1) 斜率为 -1,倾斜角为 $\dfrac{3\pi}{4}$;(2) 斜率为 $-\sqrt{3}$,倾斜角为 $\dfrac{2\pi}{3}$;(3) 斜率为 $-\dfrac{\sqrt{3}}{3}$,倾斜角为 $\dfrac{5\pi}{6}$.

3. $-\sqrt{3}$.

4. -1.

练习 6.2.2

1. （1） $1,\dfrac{\pi}{4}$；（2） $\sqrt{3},\dfrac{\pi}{3}$；（3） $2,3$.

2. 点 $A(2,3)$ 在直线 $y=\dfrac{1}{2}x+2$ 上，点 $B(4,2)$ 不在直线 $y=\dfrac{1}{2}x+2$ 上.

3. （1） $y-3=4(x-1)$；（2） $y+5=5(x-2)$；（3） $y-\sqrt{2}=\dfrac{\sqrt{3}}{3}(x+\sqrt{2})$.

4. （1） $y=-2x+4$；（2） $y=\sqrt{3}x+3$；（3） $y=\dfrac{1}{2}x+1$；（4） $y=x-1$.

5. $y-4=-\sqrt{3}x, y=-\sqrt{3}x+4$.

练习 6.2.3

1. $y=-\dfrac{1}{2}x-3$.

2. （1） $2, 2x-y+3=0$；（2） $-\dfrac{2}{3}, 2x+3y+4=0$.

3. （1） $A=0, B\neq 0, C\neq 0$；（2） $B=0, A\neq 0, C\neq 0$.

4. （1） $3x+7y-13=0$；（2） $y+3=0$.

5. $x-y+3=0$，在 x 轴上的截距为 -3，在 y 轴上的截距为 3.

习题 6.2

A 组

1. （1） $-\dfrac{\sqrt{3}}{3}$；（2） $1,\dfrac{\pi}{4}$.

2. （1） $2x-y+1=0$；（2） $y+3=0$；（3） $4x-y+3=0$.

3. （1） $\dfrac{2}{3},\dfrac{4}{3}$；（2） $1,3$；（3） $5,-12$.

4. （1） $A\neq 0, B\neq 0, C=0$；（2） $A=0, B\neq 0, C=0$；（3） $A\neq 0, B=0, C=0$.

5. $4x+y-2=0$ 或 $4x+y+2=0$.

B 组

1. $-\dfrac{5}{2}$.

2. $m=3, n=-8$.

3. （1） $x+3y-3=0$；（2） $7x-y+7=0$.

4. （1） AB 边所在直线的斜率为 $\dfrac{1}{4}$，AC 边所在直线的斜率为 1，BC 边所在直线的斜率为 $-\dfrac{1}{2}$；AB 边所在直线的方程为 $x-4y+7=0$，AC 边所在直线的方程为 $x-y+1=0$，BC 边所在直线

的方程为 $x+2y-11=0$.

（2）BC 边中线所在直线的斜率为 $\frac{1}{2}$，AB 边中线所在直线的斜率不存在，AC 边中线所在直线的斜率为 0；BC 边中线所在直线的方程为 $x-2y+3=0$，AB 边中线所在直线的方程为 $x=3$，AC 边中线所在直线的方程为 $y=3$.

C 组

略.

九、教学反思

1. 学习效果＿＿＿＿＿＿＿＿＿＿＿＿＿＿＿＿＿＿＿＿＿

2. 教学创新＿＿＿＿＿＿＿＿＿＿＿＿＿＿＿＿＿＿＿＿＿

3. 教学诊改＿＿＿＿＿＿＿＿＿＿＿＿＿＿＿＿＿＿＿＿＿

6.3 两条直线的位置关系

一、知识准备

1. 两条直线平行的定义和性质.

2. 直线斜率的计算.

二、新知结构（图 6-4）

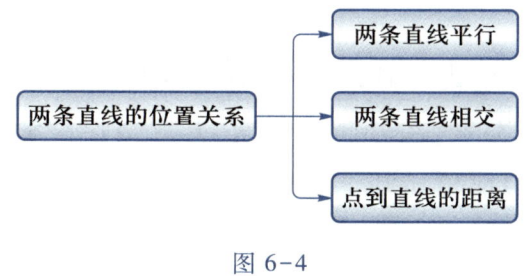

图 6-4

三、教学目标

1. 理解两条直线平行的条件，掌握两条直线平行的判定方法；掌握求两条相交直线的交点坐标的方法；理解两条直线垂直的条件，掌握两条直线垂直的判定方法；掌握点到直线的距离公式.

2. 探究两条直线的位置关系的判定方法，理解点到直线的距离的运算过程.

3. 初步体会用代数的方法判断两条直线的位置关系中蕴含的数形结合的思想方法；培养直观想象、数学抽象的核心素养.

四、重点难点

重点:两条直线位置关系的判定条件,两条直线的交点坐标,点到直线的距离公式.

难点:两条直线位置关系的判断与应用,点到直线的距离的计算,直观想象、数学抽象等核心素养的培养.

引导学生加深理解两条直线方程的斜率关系和掌握解方程组的方法,是突破教学重点的关键.

五、教学提示

利用两条直线的斜率关系可以判断两条直线的位置关系,因此计算直线的斜截式方程的斜率是本节知识的基础.一种方法是将直线的方程转化为直线的斜截式方程,通过比较两条直线的斜率,判断两条直线的位置关系.还有一种方法是利用直线的一般式方程对应系数的比值判断两条直线的位置关系.教材没有介绍第二种方法,建议教师在讲解时不要增加这部分内容.

1. 两条直线平行.

(1)两条直线平行是两条直线位置关系中的重要知识内容.教师要按照学生的认知规律,由简到繁,由易到难,由特殊到一般的教学过程实施教学.在介绍两条直线平行的条件时,可先介绍两条直线平行时的特殊位置关系,即两条直线同时平行于 x 轴或同时平行于 y 轴,也就是先对两条直线的斜率等于 0 的情况和两条直线的斜率都不存在的情况进行教学.然后再讲解两条直线平行的一般情况,即假定两条直线都有斜率,且不重合.教材没有介绍充要条件,但在教学过程中,教师仍要讲清楚"如果直线 $l_1 /\!/ l_2$,那么斜率 $k_1 = k_2$"和"如果斜率 $k_1 = k_2$,那么直线 $l_1 /\!/ l_2$"之间的关系.

(2)在讲解两条直线平行的内容时,教师要引导学生复习在初中学过的平行线的知识,同时也要对直线的倾斜角和斜率的相关知识进行复习.教师在讲解"如果斜率 $k_1 = k_2$,那么直线 $l_1 /\!/ l_2$"时,必须强调倾斜角的取值范围,即倾斜角 α_1、α_2 的范围是 $[0, \pi)$.这样由 $\tan \alpha_1 = \tan \alpha_2$,才能得到 $\alpha_1 = \alpha_2$.

(3)两条直线重合是两条直线平行的特殊情况.关于这部分内容的教学,教师应启发学生认识到:在两条直线平行的条件下,两条直线的斜率相等,若两条直线在 y 轴的截距也相等,那么两条直线的一般式方程的表达式一致.

(4)例题与练习题.① 例 1 是利用两条直线的斜率相等判断两条直线平行的直接应用.此处的"想一想"是启发学生对例 1 中的第 2 题进一步思考.建议教师组织学生进行小组讨论,探究两条直线方程的特点,经过变形,化简为同一直线方程.例 2 是求过直线外一点与已知直线平行的直线的方程,解题的关键也是利用两条直线平行时,两条直线的斜率相等,因此求直线的斜率是解决问题的关键.需要提醒学生注意,例题没有用直线的点斜式方程求解,而是采用待定系数法求解.这样可以拓宽学生的解题思路和方法,为以后的学习打下基础.② 练习 6.3.1

中的第1—3题,是巩固学生对两条直线平行的理解和掌握,属于基础性题目.

2. 两条直线相交.

(1)判断两条直线是否相交可以利用两条直线的斜率的关系.一种情况是,在同一平面内,若两条直线l_1和l_2相交,且斜率k_1与k_2都存在,则$k_1 \neq k_2$;相反的,若两条直线l_1和l_2的斜率k_1与k_2都存在,且$k_1 \neq k_2$,则直线l_1和l_2相交.另一种情况是,若直线l_1的斜率不存在,而直线l_2的斜率存在,则直线l_1和l_2相交.

(2)两条直线垂直是两条直线相交的特殊情况,让学生掌握两条直线垂直的判定条件是教学的一个难点.因此,在引导学生讨论两条直线垂直的条件时,应按照学生的学习特点,首先介绍两条直线垂直的特殊情况,即假定一条直线的斜率不存在,另一条直线的斜率为0;然后再介绍两条直线垂直的一般情况,即假定两条直线都有斜率.若两条直线l_1和l_2的斜率k_1和k_2都存在,且$k_1 k_2 = -1$,则直线l_1和l_2垂直.

教材没有介绍充要条件的概念.教学中,教师应讲清楚问题的两个方面,即"如果直线$l_1 \perp l_2$,那么斜率$k_1 = -\dfrac{1}{k_2}$"和"如果斜率$k_1 = -\dfrac{1}{k_2}$,那么直线$l_1 \perp l_2$".教师应引导学生重点理解和运用该结论.

(3)在使用结论"如果直线$l_1 \perp l_2$,那么斜率$k_1 = -\dfrac{1}{k_2}$"时,要注意使用它的前提条件,即两条直线都有斜率.如果没有这个前提条件,那么一般情况下,两条直线互相垂直的结论应该是:如果两条直线互相垂直,那么它们的斜率$k_1 k_2 = -1$,或其中一条直线的斜率为零且另一条直线的斜率不存在;如果两条直线的斜率k_1与k_2都存在且$k_1 k_2 = -1$,或其中一条直线的斜率为零且另一条直线的斜率不存在,那么这两条直线互相垂直.

(4)例题与练习题.① 例3是通过求两条直线的斜率判断两条直线是否相交.例5和例6是对基础性知识的加深和巩固.而例4的解题方法是联立方程组,求交点.求两条直线交点的坐标问题,体现了坐标法的思想,求两条相交直线的交点坐标就是解由这两条直线的方程组成的方程组.关于该类问题的求解思路如下.设两条相交直线的方程分别为$l_1: A_1 x + B_1 y + C_1 = 0$,$l_2: A_2 x + B_2 y + C_2 = 0$.则有$P(x_0, y_0)$是$l_1$与$l_2$的交点,即$\begin{cases} A_1 x_0 + B_1 y_0 + C_1 = 0, \\ A_2 x_0 + B_2 y_0 + C_2 = 0. \end{cases}$ 这样,求两条相交直线的交点坐标的问题就转化成了解一个二元一次方程组的问题.如果方程组有一个解,说明两条直线只有一个交点,如果方程组没有解,说明两条直线不相交,那么两条直线平行.教学中,教师要引导学生复习二元一次方程组的解法.解二元一次方程组有代入消元法和加减消元法,这两种方法都应该要求学生掌握.② 练习6.3.2中的第1—3题主要考查基础性知识,同教材中例题的解题方法一致.第4题需要学生对初中知识进行复习,理解三角形的高的定义.

3. 点到直线的距离.

(1)教材先给出了点到直线的距离的概念,然后给出点到直线的距离公式,同时用具体的案例讲解点到直线的距离的计算方法,即求点M到直线$l: x - 2y + 3 = 0$的距离,重点突出公式的应用.

（2）"温馨提示"中强调，点到直线的距离公式的使用条件是：直线的方程必须是一般式方程，如果不是，则需先将其转化为一般式方程，然后再用公式计算.

（3）如果点到直线的距离的计算结果是零，说明该点恰好在直线上.

（4）例题与练习题.① 例7是先把直线的方程转化为一般式方程，再直接应用点到直线的距离公式计算.例8是通过例题让学生理解两条平行线间的距离是其中任一条直线上的任意一点到另一条直线的距离，因此求两条平行线间的距离，可以转化为求点到直线的距离.问题的解决过程体现了"化归"思想.教师也可以利用不完全归纳法，将其总结成公式，即对于两条平行直线，$l_1:Ax+By+C_1=0, l_2:Ax+By+C_2=0$.则它们之间的距离是 $d=\dfrac{|C_1-C_2|}{\sqrt{A^2+B^2}}$.② 结合例8，教师可以启发学生思考"想一想"中的问题，帮助学生理解为什么可以选取任意一点计算两条平行线间的距离，为什么要选取方便计算的点.③ 练习6.3.3中的第1—3题是对教材知识的加深和巩固，解题方法与例题一致.

4. 习题.习题6.3A组【知识巩固】是对本节知识的直接应用，题型和难度与例题基本一致，主要是加深学生对知识的理解.习题6.3B组【能力提升】的实质也是对基础性知识的巩固，但题目中给出了两条直线的位置关系、点到直线的距离、两条直线的交点坐标，让学生求实数的值，目的是训练学生的逆向思维.

六、问题设计

教师在讲解点到直线的距离公式时，可以提出问题：如何求直线 $l:Ax+By+C=0$ 外的一点 $M(x_0,y_0)$ 到直线 l 的距离呢？让学生充分研讨如何解决这个问题.

根据点到直线的距离的概念，引导学生过 M 点作直线的垂线，并写出垂线的方程，同直线的方程联立方程组，求出两条直线的交点坐标，利用两点间距离公式，求出点 M 到直线的距离.

七、延伸拓展

在讲解求过已知点 (x_0,y_0) 与已知直线 $l:Ax+By+C=0$ 平行的直线时，除了用教材中例题的解法外，还可以介绍以下两种解法，以拓宽学生的解题思路.

解法1：用求直线方程的方法.

设点 $M(x,y)$ 是所求直线上的任意一点，由条件知

$$\dfrac{y-y_0}{x-x_0}=-\dfrac{A}{B},$$

上述方程可转化为

$$A(x-x_0)+B(y-y_0)=0.$$

所得方程即为所求直线的方程.

解法2：用待定系数法.

设所求直线的方程为 $Ax+By+m=0$.

则该直线的斜率为 $-\dfrac{A}{B}$，与已知直线的斜率相同，因而两条直线平行.

因为点 (x_0,y_0) 是所求直线上的一点，将点 (x_0,y_0) 代入方程 $Ax+By+m=0$，得
$$Ax_0+By_0+m=0,$$
即
$$m=-(Ax_0+By_0).$$
因此，所求直线的方程为
$$Ax+By-(Ax_0+By_0)=0.$$
上述两种解法是解析几何中求曲线方程的常用解法，学生如能灵活运用，会给以后的学习带来方便.

八、习题答案

练习 6.3.1

1. （1）平行；（2）重合；（3）重合；（4）平行.

2. （1）$-\dfrac{1}{2}$；（2）$x-y+2=0$；（3）$3x-y-6=0$.

3. $x=1$.

练习 6.3.2

1. （1）相交，交点坐标 $\left(-4,\dfrac{19}{3}\right)$；（2）相交，交点坐标 $(4,-5)$；（3）不相交.

2. （1）不垂直；（2）垂直；（3）不垂直；（4）垂直.

3. $x+y-2=0$.

4. $3x+2y-12=0$.

练习 6.3.3

1. （1）$\dfrac{\sqrt{13}}{13}$；（2）0；（3）5.

2. -3 或 7.

3. $2\sqrt{13}$.

习题 6.3

A 组

1. （1）相交；（2）平行，重合；（3）垂直.

2. （1）平行；（2）垂直；（3）相交；（4）垂直.

3. （1）相交，交点坐标 $\left(\dfrac{1}{8},\dfrac{5}{8}\right)$；（2）不相交，平行；（3）相交，交点坐标 $\left(\dfrac{1}{4},\dfrac{1}{4}\right)$；（4）相交，

交点坐标 $\left(-1\dfrac{3}{5}, 3\dfrac{4}{5}\right)$.

4. $x-y+1=0$.

5. $\sqrt{3}x+3y+9-4\sqrt{3}=0$.

6. (1) $\dfrac{9}{5}$; (2) 0; (3) $\dfrac{2}{5}$.

7. 2.

B 组

1. $\dfrac{3}{2}$.

2. -2 或 $\dfrac{1}{2}$.

3. $m=4, n=2$.

C 组

略.

九、教学反思

1. 学习效果＿＿＿＿＿＿＿＿＿＿＿＿＿＿＿＿＿＿＿＿＿＿＿＿＿＿＿＿

2. 教学创新＿＿＿＿＿＿＿＿＿＿＿＿＿＿＿＿＿＿＿＿＿＿＿＿＿＿＿＿

3. 教学诊改＿＿＿＿＿＿＿＿＿＿＿＿＿＿＿＿＿＿＿＿＿＿＿＿＿＿＿＿

6.4 圆

一、知识准备

1. 圆的定义.

2. 配方法.

3. 待定系数法.

二、新知结构（图 6-5）

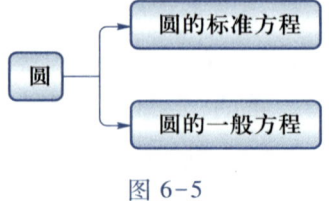

图 6-5

三、教学目标

1. 了解圆的定义;掌握圆的标准方程;了解圆的一般方程和二元二次方程表示圆的条件.
2. 回顾初中学习的有关圆的知识,体会数形结合的思想方法.
3. 培养学生的直观想象、逻辑推理和数学抽象等核心素养.

四、重点难点

重点:圆的标准方程和圆的一般方程的定义.

难点:圆的标准方程和一般方程的应用,直观想象数学抽象与逻辑推理等核心素养的培养.

教学中,帮助学生加强对于圆的定义的理解是突破教学难点的关键.

五、教学提示

用代数的方法研究几何问题是一种重要的数学思想和方法.通过建立平面直角坐标系,把点和坐标、曲线和方程之间存在的一一对应的关系表示出来,即平面上的任意一点可以用坐标表示,平面上的任意一条曲线可以用方程表示,实现了数和形的统一.在教学中,教师应注重培养学生的数形结合的解题思维.

1. 圆的标准方程.

（1）根据圆的定义,直接给出圆的标准方程.教学中,教师应强化学生对于圆的标准方程 $(x-a)^2+(y-b)^2=r^2$ 的理解,知道圆心坐标是 (a,b),半径是 r,而不是 r^2.圆的标准方程是推导圆的一般方程的依据,所以教师一定要引导学生熟悉、掌握圆的标准方程,并理解圆的标准方程中 a、b 和 r 的意义.

（2）例题与练习题.① 例 1 是已知圆心坐标和半径,求圆的标准方程,体现了数形结合的思想方法.同时,教师可以引导学生求解练习 6.4.1 中的第 1 题,达到讲练结合的效果.② 例 2 是已知圆的标准方程,求圆心坐标和半径,是例 1 题型的逆向思维.同时,教师可以引导学生求解练习 6.4.1 中的第 2 题,达到讲练结合的效果.

2. 圆的一般方程.

（1）将圆的标准方程展开,引导学生理解圆的标准方程和圆的一般方程的联系.通过对圆的标准方程进行展开整理,说明任何一个圆的方程都可以化为一个二元二次方程,即 $x^2+y^2+Dx+Ey+F=0$.① 根据半径 $r>0$,当 $D^2+E^2-4F>0$ 时,二元二次方程 $x^2+y^2+Dx+Ey+F=0$ 表示圆,这个方程称为圆的一般方程.引导学生思考:当 $D^2+E^2-4F\leq0$ 时,二元二次方程 $x^2+y^2+Dx+Ey+F=0$ 表示什么? ② 通过以上探究,引导学生得出结论:当 $D^2+E^2-4F=0$ 时,二元二次方程表示一个点;当 $D^2+E^2-4F<0$ 时,二元二次方程不表示任何曲线;当 $D^2+E^2-4F>0$ 时,二元二次方程 $x^2+y^2+Dx+Ey+F=0$ 表示圆,并且是圆的一般方程.

（2）将圆的一般方程化为圆的标准方程有两种方法.一种方法是通过教学让学生记住

结论,即圆心坐标是 $\left(-\dfrac{D}{2},-\dfrac{E}{2}\right)$,半径是 $\dfrac{1}{2}\sqrt{D^2+E^2-4F}$.另一种方法是利用配方法将圆的一般方程转化为圆的标准方程.使用配方法有利于提高学生的运算能力,培养数学运算核心素养.

(3)例题与练习题.① 例3给出了两种解题方法,解法一是直接应用公式,解法二是利用配方法将方程转化为圆的标准方程.同时,教师可引导学生求解练习6.4.2中的第1题,达到讲练结合的效果.例4是求圆的方程,先设含有未知数的圆的方程,利用待定系数法确定方程的系数.② 练习6.4.2中的第2题是先求出圆的标准方程,再转化为圆的一般方程.第3题要根据圆的一般方程,判断 $D^2+E^2-4F>0$ 是否成立,确定二元二次方程是否为圆的方程,如果确定为圆的方程,可利用公式直接求出圆心的坐标和圆的半径.

3. 习题.习题6.4 A组【知识巩固】中的习题与教材中例题的难度一致,教师把例题讲解清楚后,可以尝试让学生独立完成A组的习题.B组【能力提升】有一定的难度,第1题可以利用待定系数法,第2题可以把点 $M(4,1)$ 代入方程,求得实数 a 的值.第3题可以利用圆的半径大于0,求得 k 的取值范围.C组【学以致用】的解题关键是利用圆的基本性质,转化为求直线斜率的最大值,然后利用数形结合方法求最大值.

六、问题设计

教师在教学中可以帮助学生回忆初中学习的圆的定义,并结合教学实际,利用粉笔与一条线段,在黑板上画出圆,引导学生注意观察动点的轨迹,帮助学生加深对圆的定义的理解.同时,引导学生确定圆的要素,定点是圆心,线段的长是圆的半径.

七、延伸拓展

教师引导学生掌握圆的方程的确定方法:(1)求圆的标准方程,需要确定 a、b、r 三个参数的值.求圆的一般方程,需要确定 D、E、F 三个参数的值.(2)确定圆的三个参数,通常使用待定系数法.需要进一步明确待定系数法的意义,让学生能熟练地掌握这个方法.重点是解三元一次方程组和三元二次方程组.(3)求圆的方程,如果已知条件和圆心、半径有关,那么一般采用圆的标准方程求解;如果已知条件与圆心、半径均无直接关系,选择圆的一般方程求解.

八、习题答案

练习6.4.1

1.(1) $x^2+y^2=1$;(2) $x^2+(y-1)^2=9$;(3) $(x-3)^2+y^2=4$;(4) $(x-2)^2+(y+1)^2=45$.

2.(1)圆心坐标为 $(0,0)$,半径为4;(2)圆心坐标为 $(1,0)$,半径为2;(3)圆心坐标为 $(0,-3)$,半径为3;(4)圆心坐标为 $(2,1)$,半径为 $\sqrt{2}$;(5)圆心坐标为 $(-1,3)$,半径为5.

3. $(x+1)^2+(y-3)^2=25$.

练习 6.4.2

1. (1) 圆心坐标为 $(2,0)$,半径为 2;(2) 圆心坐标为 $(0,-2)$,半径为 3;(3) 圆心坐标为 $(3,-1)$,半径为 4;(4) 圆心坐标为 $(-1,3)$,半径为 $\sqrt{10}$.

2. $x^2+y^2-8x+4y+16=0$.

3. 是圆的方程,圆心坐标为 $(2,-1)$,半径为 $\sqrt{6}$.

习题 6.4

A 组

1. (1) $(x-3)^2+(y+1)^2=16$, $x^2+y^2-6x+2y-6=0$;(2) $(-1,3)$, $\sqrt{5}$.

2. (1) $(-3,2)$, $\sqrt{3}$;(2) $(2,0)$, 2.

3. $(x-3)^2+(y-\sqrt{5})^2=9$.

4. $x^2+y^2-6x+6y-7=0$.

5. 是圆的方程,圆心坐标为 $(4,-1)$,半径为 1.

B 组

1. $x^2+y^2-x-2y=0$.

2. 0 或 8.

3. $k<34$,圆心坐标为 $(8,2)$,半径为 $\sqrt{68-2k}$.

C 组

略.

九、教学反思

1. 学习效果_____

2. 教学创新_____

3. 教学诊改_____

6.5 直线与圆的位置关系

一、知识准备

1. 直线与圆的三种位置关系对应直线与圆的公共点的个数.
2. 点到直线的距离公式.

二、新知结构（图 6-6）

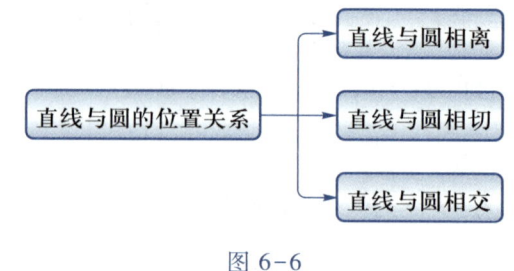

图 6-6

三、教学目标

1. 理解直线与圆的位置关系及判定方法，初步掌握圆的切线方程的求法及直线与圆相交时弦长的求法.

2. 观察直线与圆的位置，探求直线与圆的三种位置关系.

3. 培养学生的直观想象、数学抽象等核心素养.

四、重点难点

重点：根据给定直线和圆的方程，判别直线与圆的位置关系.

难点：直线与圆相交时弦长的求法，直观想象核心素养的培养.

教学中，加强学生对数形结合思想方法的应用和理解，帮助学生掌握待定系数法和解析法，是突破教学重点的关键.

五、教学提示

1. 直线与圆的位置关系. 判断直线与圆的位置关系有两种方法. 一种方法是根据直线与圆的交点个数判断直线与圆的位置关系. 当直线与圆有两个交点时，直线与圆相交；当直线与圆有一个交点时，直线与圆相切；当直线与圆没有交点时，直线与圆相离. 教材中求解直线与圆的交点时，采用的是列方程组的方法，通过解方程组找到一元二次方程的判别式. 当判别式大于 0 时，一元二次方程有两个根，直线与圆有两个交点，直线与圆的位置关系是相交；当判别式等于 0 时，一元二次方程有一个根，直线与圆有一个交点，直线与圆的位置关系是相切；当判别式小于 0 时，一元二次方程没有根，直线与圆没有交点，直线与圆的位置关系是相离. 这种方法，不仅适用于直线与圆的位置关系的判定，还适用于直线与其他二次曲线的位置关系的判定. 也就是说，这个方法具有一般性，体现了解析几何中曲线与方程的关系. 另一种方法是通过比较圆心到直线的距离与圆的半径的大小判断直线与圆的位置关系. 当圆心到直线的距离大于圆的半径时，直线与圆没有交点，直线与圆的位置关系是相离；当圆心到直线的距离等于圆的半径时，直线与圆有一个交点，直线与圆的位置关系是相切；当圆心到直线的距离小于圆的半径时，直线与圆有两个交点，直线与圆的位置关系是相交. 教材中采用的解题方法是通过圆的标准方程求圆心与半径,并将直线的方程化为直线的一般式方程,然后计算出圆心到直线的距离.这种方法在理论上容易理解,计算不复杂,方便教师教学和学生自主学习.

2. 例题与练习题.(1) 例1是判断直线与圆的位置关系,有两种解题思路,既是对初中知识的复习,也是对新学知识的巩固和加深.教师可引导学生求解练习6.5中的第3题,达到讲练结合的效果.(2) 例2首先要判断点与圆的位置关系.当点在圆外时,经过点与圆有两条切线;当点在圆上时,经过点与圆有一条切线;当点在圆内时,经过点与圆没有切线.教师可引导学生求解练习6.5中的第2题,达到讲练结合的效果.(3) 例3是在例2的基础上增加了难度,要求学生判断过一点能作几条圆的切线,而且需要求出切线的方程.经过一点求圆的切线方程的通常解法是先设直线的点斜式方程,并转化为直线的一般式方程,再利用圆心到切线的距离与半径相等的条件确定切线的斜率,从而得到切线方程,其中蕴含着"待定系数法"和"解析法"等数学方法.教师可引导学生求解练习6.5中的第4题,达到讲练结合的效果.(4) 例4是综合题,教材给出了两种解法.第一种解法用到了点到直线的距离公式,第二种解法用到了两点间距离公式.这两种方法都是对已学知识的复习和巩固.新知识建立在学生已有知识的基础上,是对已学知识的应用与延伸.教师可引导学生求解练习6.5中的第5题,达到讲练结合的效果.

3. 习题.习题6.5A组【知识巩固】中,第1题是考查本节的基础知识点,第2题是检验学生对切点到圆心的距离等于圆的半径的知识点的理解,第3题同例1的题型和难度基本一致,主要是加深学生对知识的理解.第4题是综合性题目,考查学生对直线与圆相交、相切和相离的理解.第5题同例3的题型和难度基本一致,是对例题求解思路和方法的巩固加深.习题6.5B【能力提升】的实质是对基础性知识的延伸和拓展,题目中给出的条件,需要学生进行深入的理解,考查学生阅读问题、理解问题、分析问题和逆向思维的能力.

六、问题设计

教师可以创设情境提出问题,让学生观察教材中的"情境与问题",鼓励学生根据观察和直观想象得出自己的结论。引导学生回忆初中学习的直线与圆的位置关系,并理解本节课的知识重点与结论.

七、延伸拓展

教师通过本节课的教学,引导学生理解直线与圆的三种位置关系,通过对例题的讲解,结合练习题和习题加深学生对知识的理解和应用,以知识为载体,着重帮助学生树立数形结合的思想方法,培养学生的数学抽象、逻辑推理、数学运算等核心素养.

八、习题答案

练习6.5

1. (1) 2;(2) 1.

2. (1) 1,不存在;(2) 2,不存在,0;(3) 1,0.

3. (1) 相切;(2) 相离;(3) 相交.

4. $x=3$ 或 $y=2$.

5. 8.

习题 6.5

A 组

1. 1,2,0.

2. $x^2+y^2-4x+6y+4=0$.

3. (1) 相切;(2) 相交;(3) 相交.

4. 当 $b=1\pm\sqrt{10}$ 时,直线与圆相切;当 $1-\sqrt{10}<b<1+\sqrt{10}$ 时,直线与圆相交;当 $b>1+\sqrt{10}$ 或 $b<1-\sqrt{10}$ 时,直线与圆相离.

5. $4x-3y-25=0, 3x+4y-25=0$.

B 组

1. $(x-3)^2+(y-4)^2=8$.

2. 当 $k=6\pm2\sqrt{10}$ 时,直线与圆相切;当 $k<6-2\sqrt{10}$ 或 $k>6+2\sqrt{10}$ 时,直线与圆相交;当 $6-2\sqrt{10}<k<6+2\sqrt{10}$ 时,直线与圆相离.切线方程:$(6+2\sqrt{10})x-y+2=0$ 和 $(6-2\sqrt{10})x-y+2=0$.

3. $\sqrt{10}$.

4. $k<1$ 或 $k>13$.

C 组

略.

九、教学反思

1. 学习效果_____

2. 教学创新_____

3. 教学诊改_____

6.6 直线与圆的方程应用举例

一、知识准备

光的反射定理.

二、新知结构(图6-7)

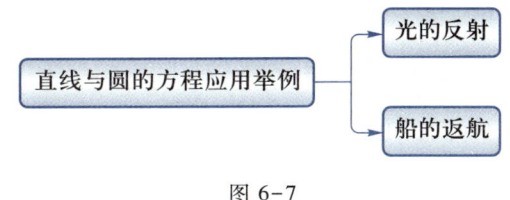

图 6-7

三、教学目标

1. 初步掌握用直线方程与圆的方程解决实际问题的方法.
2. 体验用数据分析现实生活中的问题的过程.
3. 培养精益求精的工匠精神和数学建模的核心素养.

四、重点难点

重点:例题的理解.

难点:建立数学模型,解决实际问题;数据分析、数学抽象、逻辑推理与数学建模等核心素养的培养.

教学中,应加强例题分析,帮助学生进行探究性学习,是突破教学难点的关键.

五、教学提示

现实生活中的许多问题都可以转化为数学问题,我们可以用数学的眼光观察世界,用数学的思维分析世界,用数学的语言表达世界.也就是说,学生在现实生活中,可以通过数学发现问题、提出问题、分析问题和解决问题.

1. 直线与圆的方程应用举例主要是指用直线和圆相关的数学知识解决实际问题.首先要根据实际问题进行数学抽象,提炼出相关的数学问题,并把它们放在平面直角坐标系中,利用我们学习过的直线与圆的方程的知识,对这些方程的性质进行研究,解决直线与圆的问题,从而解决实际问题.这就是建模的思维过程.

2. 教材通过"情境与问题"栏目安排了两道应用题."情境与问题(1)"是利用光线的反射定律求反射点的坐标,是直线知识在科技领域中的应用.根据光学原理可知,反射角等于入射角,利用直线的斜率公式可以求得反射点 P 的坐标."情感与问题(2)"是船的返航问题,引导学生将所学知识应用于实际的生产生活.教学中,教师应结合生活中的情境补充一些例题,引导学生关注所学知识在专业领域中的应用,同时帮助学生在应用中加深对所学知识的理解.

3. 例题与练习题.练习6.6共3道题,都是与实际生产生活相结合的应用题.教师可引导学生抽象出现实生活中所蕴含的数学特性,并且形成数学的语言表达出来,从而求解.

4. 习题.习题 6.6A 组【知识巩固】中的第 2 题考查学生对"情境与问题(1)"的理解,教师讲清楚反射原理,有助于学生解答第 2 题.对于习题 6.6A 组【知识巩固】中的第 3 题,教师可引导学生从问题出发,结合题目建立直线和圆的方程,从而求解.如果学生能在教师的帮助下掌握练习 6.6 与习题 6.6 A 组【知识巩固】中相关问题的求解方法,就能解决习题 6.6B 组【能力提升】中的问题,其解题思路与前面的题目相似.

六、问题设计

教师可以准备更多直线与圆的方程的应用相关的素材,结合生活中的实际问题,用数学的语言表述,启发学生从现实生活中抽象出数学特征,并利用学过的直线与圆的方程的关系解决问题.

七、延伸拓展

在实际生活中,许多问题可以转化为数学问题,利用数学的知识进行解决.如光的反射、船的返航等问题,可以利用直线与圆的方程知识解决.对这类问题的处理常常采用以下步骤:(1)对现实生活中的问题进行理解、分析,提炼出几何图形;(2)建立平面直角坐标系,用坐标和方程表示问题中的几何元素,将几何问题转化为代数问题;(3)采用适当的数学思想、方法和运算,解决代数问题;(4)将计算的结果再转化为要解决的实际问题.教学中,教师可多列举生活中的案例,拓宽学生的视野,在教学方法上举一反三,采用精讲精练的教学策略,培养学生能够阅读数学、建立数学建模、解决实际问题的能力.

八、习题答案

练习 6.6

1. $\left(-2\dfrac{1}{3}, 0\right)$.

2. $x^2 + (y-20.19)^2 = 12.99^2$.

3. 建立直角坐标系,$A(-10,0)$,$B(10,0)$,$D(-5,0)$,$E(5,0)$.设圆的方程为 $(x-a)^2 + (y-b)^2 = r^2$,得 $a=0, b=-10.5, r=14.5$.将点 D 的横坐标 -5 代入方程得 $y=3.1$,因为 3 m < 3.1 m,因此船可以通过.

习题 6.6

A 组

1. $M(4,0)$.

2. $3x+2y+4=0$.

3. 第二根支柱的长度约为 4.49 m.

B 组

1. $x-y-1=0$.

2. 入射光线所在的直线方程为 $12x+5y-1=0$,反射光线所在的直线方程为 $12x-5y-1=0$.

3. (1) 会有触礁危险;(2) 可以避免触礁.

C 组

略.

九、教学反思

1. 学习效果＿＿＿＿＿＿＿＿＿＿＿＿＿＿＿＿＿＿＿＿＿＿＿＿＿＿＿＿＿＿＿＿

2. 教学创新＿＿＿＿＿＿＿＿＿＿＿＿＿＿＿＿＿＿＿＿＿＿＿＿＿＿＿＿＿＿＿＿

3. 教学诊改＿＿＿＿＿＿＿＿＿＿＿＿＿＿＿＿＿＿＿＿＿＿＿＿＿＿＿＿＿＿＿＿

复习题 6 答案

A 组

一、1. B.

2. D.

3. B.

4. C.

5. B.

6. B.

7. D.

8. B.

二、9. 5.

10. -1.

11. $(0,0)$.

12. 0.

13. 2.

三、14. (1) $(-2,-1)$;(2) $\sqrt{3}x-y+2\sqrt{3}-1=0$.

15. (1) $x+y-2=0$;(2) $(x-2)^2+y^2=8$.

16. $x^2+(y-1)^2=1$.

17. (1) $(1,2),2$;(2) $y=\dfrac{3}{4}x, x=0$.

18. 2.

19. 是圆的方程,圆心坐标为 $(2.5,2)$,圆的半径为 1.5.

B 组

1. (1) $x+y-2=0$;(2) 1.

2. （1）4；（2）$x^2+(y-4)^2=16$.

3. （1）点 A 的坐标为（7,1），点 B 的坐标为（-5,-5）；（2）15.

4. 解：以港口中心为原点 O，东西方向为 x 轴，建立平面直角坐标系，圆的方程为 $x^2+y^2=30^2$，轮船航线所在的直线方程为 $4x+7y-280=0$. 如果圆 O 与直线有公共点，则轮船有触礁危险，需要改变航向；如果圆 O 与直线无公共点，则轮船没有触礁危险，无须改变航向. 由于圆心 $O(0,0)$ 到直线的距离为 $d=\dfrac{280}{\sqrt{65}}>30$，所以直线与圆 O 没有公共点，轮船没有触礁危险，不用改变航向.

Ⅳ 教案示例

直线的倾斜角与斜率

一、教学目标

1. 理解直线的倾斜角与斜率的概念，掌握直线的斜率公式并灵活应用.

2. 通过观察发现、类比猜想和实验探究，提升学生的分析、总结和概括能力；通过公式的推导，体会分类讨论、数形结合的思想.

3. 培养几何问题代数化的解题思维和数学抽象与直观想象的核心素养.

二、重点难点

重点：倾斜角与斜率的概念，斜率公式.

难点：斜率公式的应用.

三、教法

教学方法：问题探究、小组合作探究学习、项目教学法.

教学手段：GeoGebra，多媒体.

四、学时安排

1 学时（45 min）.

五、教学过程(表6-4)

表6-4

教学环节	教学内容	师生活动	设计意图
情境导入 (10 min)	**情境1** 　　介绍我国高速公路的发展成果,并展示某一段高速公路的图片.  　　当直线 l 与 x 轴相交时,直线 l 向上的方向与 x 轴正方向所成的最小正角 α,称为直线 l 的**倾斜角**. 　　为了更好地研究直线倾斜程度的不同,将直线放在平面直角坐标系中,用角度刻画直线的倾斜程度,并引出倾斜角的概念. 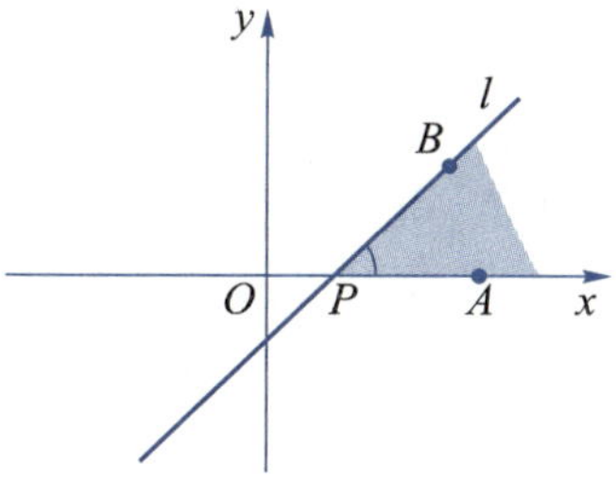 　　如图所示,设直线与 x 轴相交与点 P,A 是 x 轴上位于 P 点右方的一点,B 是位于上半平面的 l 上的一点,则 $\angle APB$ 称为直线 l 对 x 轴的**倾斜角**. **画一画** 　　标出下列直线的倾斜角	教师引导学生观察图片,将具体生活场景中的道路抽象成直线,引出对直线倾斜程度的思考. 　　教师引导学生思考决定直线位置的要素: 　① 两点; 　② 一点和倾斜角(倾斜程度). **问题1** 　什么是直线的倾斜角? 　通过图像,让学生对倾斜角产生直观认识	从学生的生活经验出发,帮助学生理解倾斜角的概念,感受数学与生活的联系

续表

教学环节	教学内容	师生活动	设计意图
情境导入 (10 min)	(a) (b) (c) (d) **特殊情况** 当直线 l 与 x 轴平行或重合时,规定其倾斜角为零. **做一做** 用铅笔模拟直线,探究倾斜角 α 的取值范围	标出直线的倾斜角,根据定义,找不到图(d)中的倾斜角,引发认知冲突.由此,引出倾斜角的特殊情况. 用铅笔模拟"直线"与"x 轴",直观上感受倾斜角的取值范围:$0°\leq\alpha<180°$. 借助 GeoGebra,验证倾斜角的取值范围	让学生从概念的完备性角度体会规定 0°角的必要性. 加深学生对倾斜角概念的准确理解
	情境2 向学生展示某斜拉桥图片,介绍我国桥梁工程的发展成果. | 图像	α 的范围	k 的范围 | |---|---|---| | (水平直线图) | 0° | 0 |	教师引导学生观察图片,思考并讨论斜拉索坡度的计算方法. **讨论发现** 斜拉索坡度等于垂直高度与水平长度之比,通过 GeoGebra 的图形演示,类比迁移,得到倾斜角的正切值,用以表示直线的倾斜程度,由此引出斜率的概念,即斜率 $k=\tan\alpha$ ($\alpha\neq90°$). **问题2** 倾斜角与斜率之间有怎样的关系呢?	从学生的生活体验出发,类比"坡度",得到斜率的概念.让学生感受概念来源于生活,体验从直观到抽象的过程

续表

教学环节	教学内容	师生活动	设计意图
情境导入 （10 min）	续表 | 图像	α 的范围	k 的范围
---	---	---
（图：过原点向右上方的直线）	$0°<α<90°$	$k>0$
（图：竖直直线）	$90°$	不存在
（图：向右下方的直线）	$90°<α<180°$	$k<0$		**探究发现** 通过列表可知，倾斜角变大，斜率不一定变大；当倾斜角为锐角时，斜率大于0；当倾斜角为钝角时，斜率反而小于0	培养学生思考探究的习惯，提升学生的学习能力
合作探究 （15 min）	（图1：竖直直线上两点 $P_1(x_1,y_1)$，$P_2(x_1,y_2)$） （1） （图2：过点 $P_1(x_1,y_1)$、$P_2(x_2,y_2)$ 的斜向上直线，倾斜角 α） （2）	**问题3** 两点能确定一条直线，那么已知直线上两点的坐标，可以确定直线的斜率吗？如何用坐标表示呢？ 已知直线 l 经过点 $P_1(x_1,x_2)$、$P_2(x_2,y_2)$，试用点 P_1、P_2 的坐标表示直线 l 的斜率. 教师给出不同的倾斜角 α 是锐角的图形，师生共同探究，添加辅助线，构造直角三角形	回顾所学知识，适度拓展，提出问题，检验学生对知识的掌握程度的同时，引入新的知识点

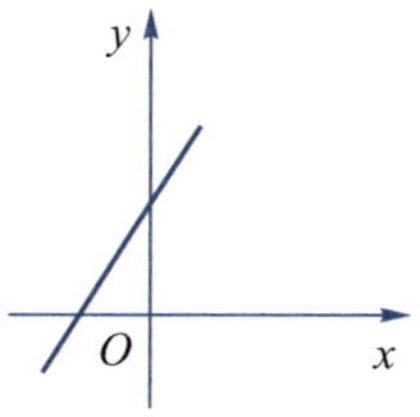

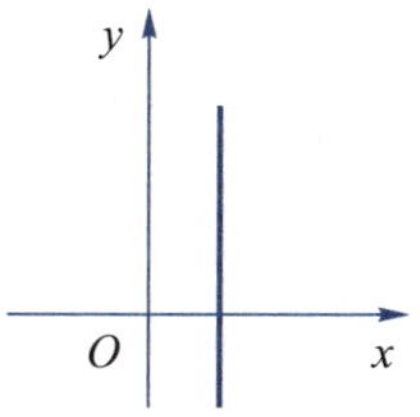

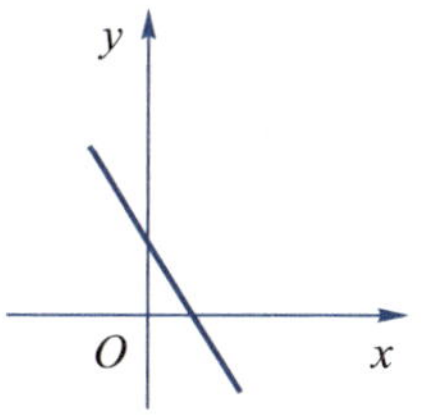

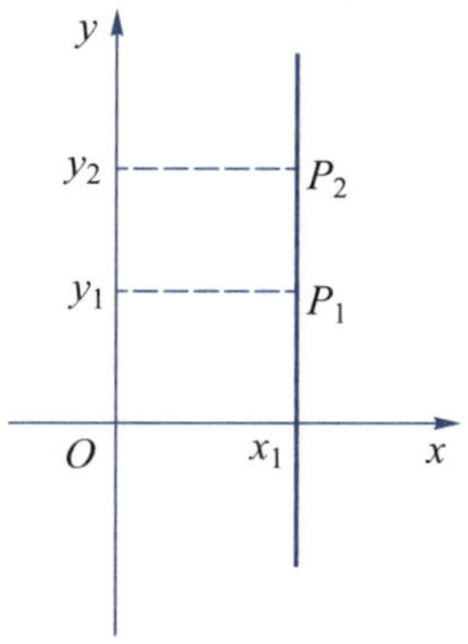

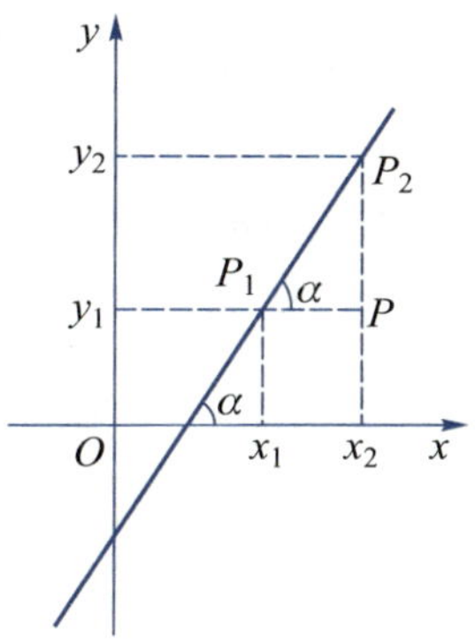

教学环节	教学内容	师生活动	设计意图
合作探究 （15 min）	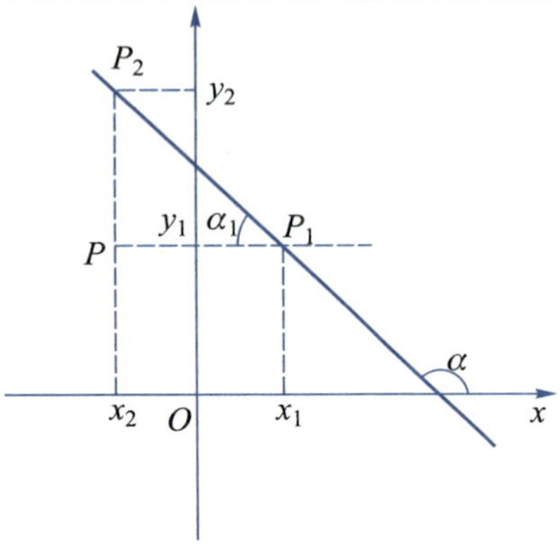 (3) ① 当 $x_1 = x_2$ 时，如图（1）所示，直线 l 与 x 轴垂直，则 $\alpha = \dfrac{\pi}{2}$，$\tan \alpha$ 不存在，此时直线的斜率不存在． ② 当 $x_1 \neq x_2$ 且 $0 \leqslant \alpha < \dfrac{\pi}{2}$ 时，如图（2）所示，直线的斜率为 $$k = \tan \alpha = \dfrac{|P_2P|}{|PP_1|} = \dfrac{y_2 - y_1}{x_2 - x_1}.$$ ③ 当 $x_1 \neq x_2$ 且 $\dfrac{\pi}{2} < \alpha < \pi$ 时，如图（3）所示，直线的斜率为 $$k = \tan \alpha = \tan(\pi - \alpha_1) = -\tan \alpha_1$$ $$= -\dfrac{|P_2P|}{|PP_1|} = \dfrac{y_2 - y_1}{x_2 - x_1}.$$ 综上，设点 $P_1(x_1, y_1)$、$P_2(x_2, y_2)$ 为直线上任意两点，且 $x_1 \neq x_2$，则直线的斜率为 $$k = \dfrac{y_2 - y_1}{x_2 - x_1}.$$ 因此，**直线的斜率公式**为 $k = \dfrac{y_2 - y_1}{x_2 - x_2}$	教师引导学生观察图像，并思考如下问题： ① 当 $x_1 = x_2$ 时，如图（1）所示，直线 l 的位置是怎样的？ ② 当 α 是锐角时，如图（2）所示，直线 l 的斜率与坐标的关系？ ③ 继续旋转直线，当 α 是钝角时，如图（3）所示，斜率公式还适用吗？ 学生分组合作探究	整个推导过程聚焦在"整体结构"和"逻辑主线"上，体现了数形结合和分类讨论的思想，在突破本课难点的同时，提升学生的数学抽象和逻辑推理核心素养
巩固深化 （15 min）	**典型例题** **例 1** 已知下列条件，求直线的斜率： （1）直线与 x 轴平行； （2）直线的倾斜角为 $\dfrac{\pi}{4}$； （3）直线经过点 $M(-2,2)$ 与点 $N(3,-4)$． **解** （1）因为直线与 x 轴平行，即倾斜角 $\alpha = 0°$，所以直线的斜率为 $$k = \tan 0° = 0;$$ （2）因为直线的倾斜角为 $\dfrac{\pi}{4}$，所以直线的斜率为	加深学生对斜率的计算公式的理解．让学生利用斜率的概念和已知直线上两点的坐标求斜率	例 1 是巩固斜率的计算方法

续表

教学环节	教学内容	师生活动	设计意图
巩固深化 （15 min）	$k=\tan\dfrac{\pi}{4}=1$； （3）因为直线过点 $M(-2,2)$ 与点 $N(3,-4)$，所以直线的斜率为 $k=\dfrac{-4-2}{3-(-2)}=\dfrac{-6}{5}=-\dfrac{6}{5}$. **例2** 已知直线的斜率为 -1，求直线的倾斜角. **解** 因为直线的斜率 $k=\tan\alpha=-1$，且 $0\leqslant\alpha<\pi$，所以直线的倾斜角 $\alpha=\dfrac{3\pi}{4}$	学生思考例题并回答解题结果. 当斜率 k 已知，可以根据 $k=\tan\alpha$ 反过来求倾斜角 α	例2是通过逆向思维，进一步加深学生对斜率公式的理解. 已知直线斜率可以确定倾斜角，为下节课学习直线的点斜式方程作铺垫
内化提升 （5 min）	**课后小结** **1. 知识回顾** 引导学生从知识的发生、发展方向进行总结. ①两点； ②一点+方向（倾斜角） → 直线 → 倾斜角 → 斜率 → 两点间的斜率公式 **2. 作业布置** 练习6.2.1. 习题6.2 A组【知识巩固】 填空题. （1）直线 AB 的倾斜角为 $\dfrac{5\pi}{6}$，则该直线的斜率为 _____. （2）平面直角坐标系中，已知两点 $A(2,6)$、$B(3,7)$，则过点 A、B 的直线的斜率为 _____，倾斜角为 _____. B组【能力提升】 经过两点 $A(-m,6)$、$B(1,3m)$ 的直线斜率为9，求实数 m 的值	师生交流，谈分享，促内化：引导学生对本节课的内容、思想方法进行梳理，及时发现自己的疑惑与不足. 课后结合自身实际完成相应的作业	对知识的自我建构，提升学生梳理知识的能力，养成总结反思的习惯. 分层布置作业，尊重学生的个体差异，满足学生多样化的学习需要
教学总结	**1. 教学特色** （1）数学内容生活化. 通过观察生活情境，抽象出数学概念，理解数学来源于生活实际；同时进行爱国主义教育，渗透课程思政. （2）数学知识趣味化. 借助 GeoGebra 动态演示，通过图形的移动、定格等多角度展示，引导学生观察思考，渗透数形结合的思想. （3）教学环境生动化. 多媒体辅助教学，化静为动，化无声为有声，将知识的形成过程充分展示给学生，使学习变得轻松. **2. 教学反思** 如何更好地培养学生的核心素养需要进行深入研究		

V 素养拓展

波利亚教我们怎样解题

每个同学可能都有过这样的经历:一道题,自己总也想不出解法,而老师却给出了一个绝妙的解法.这时你最希望知道的也许是"老师是怎么想出这个解法的?"如果这个解法不是很难,你可能会觉得"我自己完全可以想出,但为什么我没有想到呢?"

美籍匈牙利数学家波利亚先后写出了《怎样解题》《数学的发现》和《数学与猜想》.这些书被译成很多国家的文字出版,对数学教育产生了深刻的影响.波利亚十分重视培养学生思考问题、分析问题的能力.他认为中学数学教育的根本宗旨是"教会年轻人思考".教师要努力启发学生自己发现解法,从而从根本上提高学生的解题能力.

波利亚致力于解题的研究,为了回答"一个好的解法是如何想出来的"这个令人困惑的问题,他专门研究了解题的思维过程,并把研究所得写成《怎样解题》一书.这本书的核心是他分解解题的思维过程得到的一张"怎样解题"表.在这张包括"弄清问题""拟定计划""实现计划"和"回顾"四大步骤的解题全过程的表中,他对第二步"拟定计划"的分析是最为引人入胜的.他指出,寻找解法实际上就是"找出已知数与未知数之间的联系,如果找不出直接联系,就需要考虑辅助问题,最终得出一个求解计划".他把寻找并发现解法的思维过程分解为 5 条建议和 23 个具有启发性的问题,它们就好比是寻找和发现解法的思维过程的"慢动作镜头",使我们对解题的思维过程看得见、摸得着.

波利亚的"怎样解题"表的精髓是启发联想.例如:你是否见过相同的问题而形式稍有不同?你是否知道与此有关的问题?你是否知道一个可能用得上的定理?看着未知数,试着指出一个具有相同未知数或相似未知数的熟悉的问题.这里有一个与现在的问题有联系且早已解决的问题,那么你能利用它的结果吗?你能利用它的方法吗?为了能利用它,你是否应该引入某些辅助元素?你能不能用不同的方式重新叙述它?……

波利亚说他在写这些东西时,脑子里重现了他过去研究解决数学问题的过程.因此,《怎样解题》一书实际上是他对自己研究解决数学问题的思维过程的总结.仔细想一想,我们在解题时,为了找到解法,实际上也思考过表中的某些问题,只不过没有意识到罢了.波利亚利用这些问题和建议去寻找解法的过程中,也使自己的思维受到了良好的训练.久而久之,这不仅提高了解题能力,而且养成了有益的思维习惯.

波利亚强调"发现",不仅仅是指发现解法,也包括数学的创新发现.他将阐述自己"对解题的理解、研究和讲授"的书取名为《数学的发现》.该书详细介绍了数学大师欧拉发现凸多面体的欧拉公式(顶点数-棱数+面数＝2)的全过程,生动地再现了欧拉是如何一步一步进行归纳和猜想最终得到上述公式的,也就是把处于发现过程中的数学,按照原样提供给了我们.其展示了创新发现的思维活动过程,自然而生动地显示了归纳和猜想在数学发现中的重要作用,这对于学习数学是非常重要的.波利亚要求我们不仅要学习"证明",而且要学习"猜想".也就是说,我们不仅要培养和提高解题能力,而且要学习和培养创新能力.

第7章 简单几何体

Ⅰ 教学要求

一、教学目标

1. 学生利用实物模型、计算机软件观察大量空间图形,了解空间图形的不同表示形式,认识柱、锥、球及其简单组合体的结构特征,并能运用这些特征描述现实生活中简单物体的结构.

2. 会进行柱、锥、球及简单几何体的表面积和体积的计算,能解决生活生产中一些简单的应用问题,形成一定的空间想象能力,培养学生的观察能力、数值计算能力及解决实际问题的能力.

3. 通过观察,能用两种方法(平行投影与中心投影)画出简单空间图形(长方体、球、圆柱、圆锥、棱柱等的简易组合)的三视图,能识别三视图所表示的立体模型,并能画出直观图.

4. 小组合作完成实习作业,如画出某些建筑物的三视图与直观图(在不影响图形特征的基础上,尺寸、线条等不做严格要求),尝试探究与讨论,树立团队合作意识.

5. 在具体的情境与问题中,感受简单几何体与现实生活的联系,并在这个过程中增强学生的数学应用意识,逐步培养学生的直观想象、数学运算、逻辑推理等核心素养.

二、课程内容与学时建议

本章教学约需 13 学时,具体分配建议见表 7-1.

表 7-1

内容	内容要求	学时建议
7.1 多面体	了解多面体及棱柱、棱锥的有关概念、结构特征;掌握直棱柱、正棱锥的表面积和体积公式;理解直棱柱、正棱锥的侧面展开图;初步掌握空间图形的直观图的斜二测画法	4
7.2 旋转体	了解旋转体及圆柱、圆锥、球的有关概念及结构特征;理解圆柱、圆锥的侧面展开图;掌握圆柱、圆锥、球的表面积和体积公式	4

续表

内容	内容要求	学时建议
7.3　简单几何体的三视图	理解实物或空间图形的正视图、俯视图、左视图的画法；能识别三视图所表示的立体模型	4
机动	习题课、复习课、测试等	1

Ⅱ　评价建议

一、水平层次（表7-2）

表7-2

学业水平描述	
水平一	水平二
在熟悉的单一情境中： 1. 会由实物抽象出简单几何图形，会根据简单图形想象实物的形状； 2. 能画出简单几何体的三视图； 3. 会通过实物观察和直观想象感知水平放置的平面几何图形的直观图，会用斜二测法画出简单几何体的直观图； 4. 会求直棱柱、正棱锥、圆柱、圆锥、球的表面积； 5. 会求柱、锥、球的体积	在熟悉的关联情境中： 1. 达到水平一的1—5； 2. 能根据三视图绘制简单几何体的直观图； 3. 会推导直棱柱、正棱锥的侧面积公式

二、样题举例

1. 正三棱锥 $P\text{-}ABC$（图7-1）中，点 O 是底面中心，$PO=12$ cm，斜高 $PD=13$ cm．求它的侧面积、体积（面积精确到 0.1 cm^2，体积精确到 1 cm^3）．

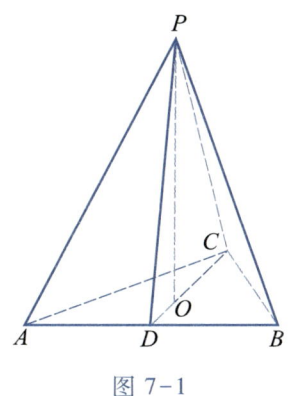

图7-1

【解析】 在正三棱锥 P-ABC 中,高 $PO=12$ cm,斜高 $PD=13$ cm.

在直角三角形 POD 中,
$$OD=\sqrt{PD^2-PO^2}=\sqrt{13^2-12^2}=5(\text{cm}),$$

在底面正三角形 ABC 中,
$$CD=3OD=15(\text{cm}),$$

所以底面边长为
$$AC=\frac{CD}{\sin\angle CAD}=\frac{15}{\sin\frac{\pi}{3}}=10\sqrt{3}(\text{cm}),$$

因为 $h'=PD=13$ cm,$c=3\times AC=3\times 10\sqrt{3}=30\sqrt{3}(\text{cm})$,

所以侧面积约为
$$S_{侧}=\frac{1}{2}ch'=\frac{1}{2}\times 30\sqrt{3}\times 13\approx 337.7(\text{cm}^2).$$

因为正三角形 ABC 的底面积为
$$S_{底}=\frac{1}{2}\times AC\times CD=\frac{1}{2}\times 10\sqrt{3}\times 15=75\sqrt{3}(\text{cm}^2),$$

所以体积约为
$$V=\frac{1}{3}S_{底}h=\frac{1}{3}\times 75\sqrt{3}\times 12=300\sqrt{3}\approx 520(\text{cm}^3).$$

说明:能独立完成此题即可视为达到学业水平一.

2. 一个圆柱形的锅炉,底面直径 $d=1$ m,高 $h=2.3$ m,求锅炉的表面积(π 取 3.14,结果保留 1 位小数).

要求:学生自己动手,根据自己的理解求解,如果学生理解有误或不全面,可先引导学生发现问题再予以指正.

【解析】 因为圆柱锅炉的底面直径 $d=1$ m,高 $h=2.3$ m,所以球的表面积为
$$S=S_{侧}+2S_{底}=\pi dh+2\pi\left(\frac{d}{2}\right)^2=\pi\times 1\times 2.3+2\pi\times\frac{1}{4}\approx 8.8(\text{m}^2).$$

说明:能独立完成此题即可视为达到学业水平一.

3. 球的大圆周长是 80 cm,求这个球的表面积与体积(π 取 3.14,结果保留 4 位有效数字).

【解析】 设球的半径为 R,大圆周长为 l,则
$$l=2\pi R=80(\text{cm}),$$

所以球的半径为
$$R=\frac{40}{\pi}(\text{cm}).$$

因此球的表面积为

$$S_{球}=4\pi R^2=4\pi\left(\frac{40}{\pi}\right)^2=\frac{6\,400}{\pi}\approx 2.038\times 10^3(\text{cm}^2),$$

体积为

$$V_{球}=\frac{4}{3}\pi R^3=\frac{4}{3}\pi\left(\frac{40}{\pi}\right)^3=\frac{256\,000}{3\pi^2}\approx 8.655\times 10^3(\text{cm}^3).$$

说明:能独立完成此题即可视为达到学业水平一.

4. 画水平放置的正六边形的直观图.

画物体的直观图时,每一步都要严格示范,不能随手作图.画直观图时,需要多次画平行线.教学中,教师应严格按照要求用三角板画平行线给学生示范,培养学生认真严谨的学习习惯与素养.

说明:利用可以使用的材料制作模型,再根据模型绘制三视图和直观图,学生之间尽可能交换不同的模型,熟悉更多具体的几何体及它们的三视图和直观图.可以鼓励感兴趣的学生进一步根据三视图做出相应的模型.能独立完成此题即可视为达到学业水平二.

三、评价方法

1. 全面评价学生把握空间几何图形的能力.简单几何体分为三部分内容:第一部分是多面体,第二部分是旋转体,第三部分是简单几何体的三视图.本章始终以转化、化归思想为主,从学生初中学习过的平面几何基础出发,以学生熟悉的长方体作为模型,将空间图形问题转化为平面图形问题,从教室、书本等学生熟悉的实物入手,发展学生把握空间图形的能力,使学生更好地认识和理解人类生存的空间.

2. 全面评价学生的认知能力、创新精神.几何作为一种直观、形象的数学模型,在发展学生的认知能力、培养学生的创新精神方面具有独特的价值.与数学其他分支相比,几何图形的直观性、形象性为学生进行自主探索、创新活动提供了更为有利的条件.在几何中,视觉思维占主导地位,学生在运用观察、想象、绘制、设计等手段探索研究几何图形性质的过程中,能获得视觉上的愉悦,增强探究的好奇心,激发出潜在的创造力,形成创新意识.

3. 全面评价学生的推理能力以及运用图形语言进行表达与交流的能力.人们学习几何通常要经历直观感知、操作确认、思辨论证、度量计算等阶段.学生通过观察实物模型、空间几何体等,直观认识和理解空间图形的性质特征.这是一个对空间图形进行探索、研究,建立几何模型的过程.这个过程有助于培养和发展学生的推理能力,以及运用图形语言进行表达与交流的能力.

Ⅲ 教 学 建 议

7.1 多面体

一、知识准备

生活中的柱体、锥体模型.

二、新知结构(图 7-2)

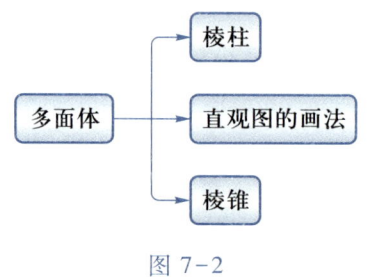

图 7-2

三、教学目标

1. 认知棱柱、棱锥的模型与直观图,通过演示棱柱、棱锥的侧面展开过程,让学生理解棱柱、棱锥的结构特征,并能进行表面积、体积的计算.

2. 培养学生数学直觉、空间想象能力、计算方法和计算工具使用技能,感受科学思维.

3. 关注生活中的数学模型,感受不同几何体侧面积公式之间的联系,体会空间问题平面化的思想.

4. 经历合作学习的过程,尝试探究与讨论,培养团队合作意识.

四、重点难点

重点:直棱柱、正棱锥的结构特征及相关计算.

难点:直棱柱、正棱锥的侧面积公式计算.

教学中,通过模型转化的方法为学生演示公式推导的过程,是突破教学难点的关键.

五、教学提示

1. 画正棱柱和正棱锥的直观图时,要抓住下面 3 个关键点.

(1)用斜二测画法画水平放置的底面的直观图.

（2）正棱锥的顶点和棱柱侧棱的确定.

（3）画直观图的四个步骤：① 画轴（即建立空间直角坐标系）；② 画底面；③ 画侧棱（正棱锥画高线）；④ 成图.

2．正棱柱的结构特征是计算侧面积、全面积和体积的基础,要让学生真正了解正棱柱有如下结构特征：① 有两个面是互相平行的全等正多边形；② 其余各面是全等的矩形.

3．正棱锥在实际问题中应用较多.正棱锥有如下结构特征：① 有一个面是正多边形；② 其余各面是有一个公共顶点的全等的等腰三角形.

4．多面体和旋转体（除球外）的侧面积公式,都是通过它们的侧面展开图求得的.教学中宜运用多媒体再现其展开过程,激发学生的兴趣,还可通过多媒体演示柱、锥之间的相互转化,让学生生动、直观地认识图形间的转化.另外,除了多媒体的运用外,教师还可以引导学生对实物侧面进行拆展,让学生了解拆展的过程和操作步骤,加深理解.

5．例题与练习题.（1）例1与例3是求正四棱柱、正四棱锥的全面积（表面积）和体积.教材首先介绍了多面体的概念,然后通过观察模型,说明棱柱、棱锥的结构特征及其面积、体积的计算公式,利用公式直接计算.注意：正棱柱的侧面积、全面积、体积的计算公式经常使用,注意提醒学生不要把侧面积、全面积计算公式记混了.例2是一个实际问题,先将实际问题转化成立体几何模型,再求它的体积和面积.本节要求学生会进行简单几何体的面积、体积的计算,形成一定的空间想象能力,能解决生产生活中一些简单的应用问题.教师可有意让学生观察身边的物体,直接表述或抽象后表述它的几何特征,从而认识柱、锥、球及其简单组合体的结构特征,以便解决各类相关的实际问题.（2）练习7.1.1中的第1题是制作模型.动手制作模型的过程能增强学生对几何体的感性认识,帮助学生建构空间概念.该类题目既能增强学生学习立体几何的兴趣,又能体现以学生为中心的教育理念.

6．习题.习题7.1B组【能力提升】中的第1题可利用正四棱锥的侧面展开的平面图形性质来处理,要给学生渗透空间问题平面化的思想,有意识地培养学生拆展空间图形的能力.C组【学以致用】要求计算组合体的表面积,教师要引导学生运用拆分思想,把组合型的空间图形转化为学生熟悉的空间图形.

六、问题设计

1．侧面都是全等的矩形的直四棱柱一定是正四棱柱吗？

2．水平放置的任意多边形在斜二测画法下的直观图的面积与原图的面积是什么关系？

七、延伸拓展

教材仅给出了特殊的棱柱、棱锥的侧面积计算公式,像斜棱柱等的几何体的侧面积计算问题属于较高要求,但我们在生活中往往会涉及此类问题,故对于数学基础较好的学生,教师可以从两个方面指导学生学习：一是引导学生理解侧面积是各个侧面面积之和,二是帮助学生分析斜棱柱与直棱柱之间的转化.

八、习题答案

练习 7.1.1

1. 略.

2. (1) √; (2) √; (3) √; (4) √.

3. $S_{侧} = 60$ cm^2, $S_{表} = 73.86$ cm^2, $V = 34.64$ cm^3.

4. $S_{表} = 22a^2$, $V = 6a^3$.

练习 7.1.2

1. 如图 7-3 所示.

图 7-3

2. 如图 7-4 所示.

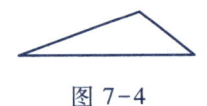

图 7-4

3. 如图 7-5 所示.

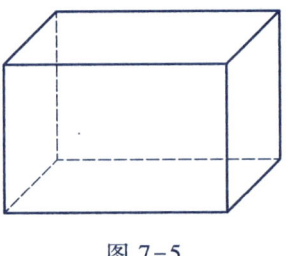

图 7-5

练习 7.1.3

1. 略.

2. $S_{侧} = 4\sqrt{3}$ cm^2, $V = \dfrac{4}{3}\sqrt{2}$ cm^3.

3. (1) $S_{表} = \dfrac{9(\sqrt{3}+\sqrt{19})}{4}$ cm^2, $V = \dfrac{3\sqrt{3}}{2}$ cm^3.

(2) 如图 7-6 所示.

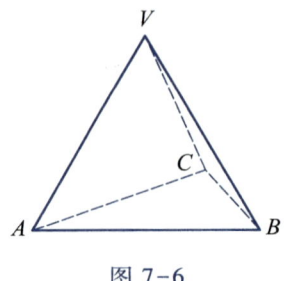

图 7-6

习题 7.1

A 组

1.（1）$Q \subseteq M \subseteq N \subseteq P$；(2) 2；(3) 4.

2. 96 cm².

3. $\frac{3}{4}\sqrt{3}$ cm³.

4. $S_{表} = 12$ cm²，$V = 2\sqrt{2}$ cm³.

5. $\frac{2\sqrt{5}}{3}a^2$.

6. $\frac{1}{2}\sqrt{3}$ cm³.

B 组

1. $S_{表} = (4 + 4\sqrt{3})a^2$，$V = \frac{4\sqrt{2}}{3}a^3$.

2. 72 cm³.

3. 如图 7-7 所示.

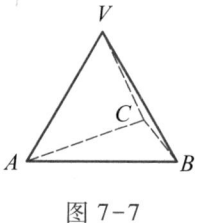

图 7-7

4. 如图 7-8 所示.

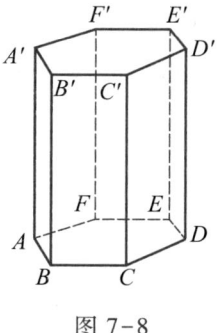

图 7-8

C 组

$20 + 4\sqrt{3}$. 提示：由题意得，斜高为 $\sqrt{3}$，$S_{表} = 2 \times 2 \times 5 + \frac{1}{2} \times 2 \times 4 \times \sqrt{3} = 20 + 4\sqrt{3}$.

九、教学反思

1. 学习效果_____

2. 教学创新_____

3. 教学诊改_____

7.2 旋转体

一、知识准备

1. 棱柱、棱锥结构特征及表面积和体积公式.

2. 圆柱、圆锥、球的模型.

二、新知结构(图 7-9)

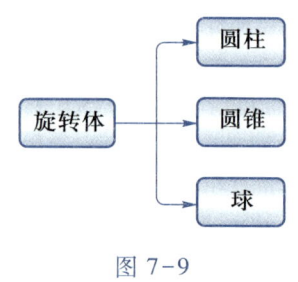

图 7-9

三、教学目标

1. 了解圆柱、圆锥、球的结构特征及表面积与体积的计算公式.

2. 通过数学实验,认识圆柱、圆锥、球的模型与直观图,体会数学知识的应用,培养数学直觉,感受科学思维.

3. 经历合作学习的过程,尝试探究与讨论,培养团队合作意识.

四、重点难点

重点:圆柱、圆锥、球的结构特征及相关计算.

难点:简单几何体的结构特征及其面积、体积的计算.

教学中,教师利用教具向学生演示圆柱、圆锥侧面的展开过程,是突破教学难点的关键.

五、教学提示

1. 充分发挥学生的主体作用,引导学生自己制作圆柱、圆锥模型,使学生通过模型的制作,自然而然地建立起空间概念,增加学生学习立体几何的兴趣.

2. 圆柱、圆锥、球都是旋转体,它们分别由矩形、直角三角形、半圆绕轴旋转而成.关于这部分内容的教学,教师要结合实物模型或教学课件,讲清楚几何体的形成过程及各种量之间的关系,抓住旋转过程中的不变量是计算有关问题的关键.

3. 在球的有关概念的教学中,教师应注意讲清楚球体和球面概念的联系与区别.用平面去截球,截面是圆面,并且球心和截面圆心的连线垂直于截面.

4. 要提醒学生注意区别圆柱与圆柱面、圆锥与圆锥面、球与球面等概念.例如,球面是由半圆绕它的直径旋转一周所形成的曲面,这个结论可以用计算机软件来演示.由球面围成的几何体称为球体,简称球.要提醒学生注意把球和球面这两个概念区分开.

5. 例题与练习题.(1) 本节的例题都是关于旋转体的表面积与体积的求解.根据公式计算时,教师应注意提醒学生明确公式中字母的几何含义,提高运算能力.(2) 练习 7.2.3 中的第 1 题是考查学生对球的有关概念的理解.教师注意提醒学生总结球体和球面概念的联系和区别.

6. 习题.习题 7.2C 组【学以致用】是求解实际情景中有关简单组合体的体积,关键是要提醒学生先理清组合体的结构,然后再根据相应公式进行计算.

六、问题设计

制作多面体和旋转体模型,运用初中所学的知识绘制模型的三视图和直观图.学生之间应尽可能交换模型,熟悉更多具体的几何体及它们的三视图和直观图.有兴趣的学生,可以进一步思考如何根据三视图做出相应的模型.

七、延伸拓展

1. 用平行于底面的平面截圆锥,可以得到圆台.教师可指导学生自己动手制作圆台模型,演示侧面展开的过程,探究圆台的结构特征及侧面积和体积.

2. 探究正方体截面的形状.一方面,可以给学生提供一个展示的舞台;另一方面,可促进学生对所学知识进行应用和反思,加深学生对空间图形的认识和理解.

八、习题答案

练习 7.2.1

1. (1) √;(2) ×;(3) ×.

2. $S_{表} = 28\pi$ cm², $V = 20\pi$ cm³.

3. $S_{侧} = 100\pi$ cm²; $V = 250\pi$ cm³.

4. 2 种;表面积不相等;体积不相等.

练习 7.2.2

1. 略.

2. (1) ×;(2) ×;(3) √.

3. 8π cm³.

4. $\dfrac{10}{3}\pi$ cm³.

5. $S_{表}=36\pi$ cm², $V=16\pi$ cm³.

6. $L=6$ cm, $h=3\sqrt{3}$ cm.

练习 7.2.3

1. (1) √;(2) √;(3) √.

2. $S_{表}=36\pi$ cm², $V=36\pi$ cm³.

3. 16 倍,64 倍.提示:设原球的半径为 r,$S_{原}=4\pi r^2$,$V_{原}=\dfrac{4}{3}\pi r^3$,则现半径为 $R=4r$, $S_{现}=4\pi R^2=4\pi\times 16r^2=64\pi r^2$, $V_{现}=\dfrac{4}{3}\pi R^3=\dfrac{4}{3}\pi\times(4r)^3=\dfrac{4}{3}\pi\times 64r^3$,$S_{现}=16\,S_{原}$,$V_{现}=64\,V_{原}$.

4. 4 cm.

习题 7.2

A 组

1. (1) 6π cm²; (2) $\dfrac{4}{3}\pi$ cm³; (3) 36π cm², 36π cm³; (4) 8:27.

2. $16\pi^2$ cm³.

3. $S_{表}=64\pi$ cm², $V=\dfrac{128}{3}\sqrt{2}\,\pi$ cm³.

4. $S_{表}=64\pi$ cm², $V=\dfrac{256}{3}\pi$ cm³.

5. 24 cm.

B 组

1. 39 000 g.

2. (1) $h=\dfrac{75}{8}$ cm; (2) 不会溢出.

3. 约 4.49 cm.

C 组

粮囤的容积是 $\left(49\pi+\dfrac{343\sqrt{3}}{72}\pi\right)$ m³,最多能装稻谷约 103 420 kg.提示:由题意知,圆锥的底面半径 $r=\dfrac{7}{2}$ m,高 $h=\dfrac{7\sqrt{3}}{6}$ m,故粮囤的容积为

$$V=V_{圆柱}+V_{圆锥}=\pi\times\left(\dfrac{7}{2}\right)^2\times 4+\dfrac{1}{3}\pi\left(\dfrac{7}{2}\right)^2\times\dfrac{7}{6}\sqrt{3}=\left(49\pi+\dfrac{343\sqrt{3}}{72}\pi\right)(\text{m}^3).$$

所以最多能装稻谷质量为 $m=\left(49\pi+\dfrac{343\sqrt{3}}{72}\pi\right)\times 575\approx 103\ 420(\mathrm{kg})$.

九、教学反思

1. 学习效果_____

2. 教学创新_____

3. 教学诊改_____

7.3 简单几何体的三视图

一、知识准备

初中所学三视图的概念及画法.

二、新知结构(图 7-10)

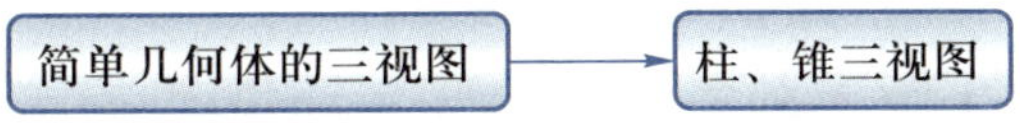

```
简单几何体的三视图 ——→ 柱、锥三视图
```

图 7-10

三、教学目标

1. 了解空间几何体的不同表达方式,能用斜二测画法画出简单空间图形(长方体、直棱柱、正棱柱、圆柱、圆锥、球)的三视图.

2. 能识别三视图所表示的立体模型,明确物体的主视图、左视图、俯视图的方向.

3. 让学生亲身实践、动手画图,体会三视图的画法,识别所见到的视图形状与类别,体会三视图的作用.

4. 感受直观想象和数学抽象在刻画几何体三视图中的作用,理解主视图、俯视图、左视图的画法要求;有意识地培养学生的表达交流能力,建立学好数学的信心.

四、重点难点

重点:简单组合体三视图的画法,由三视图想象实物模型,并画出模型草图.

难点:由三视图还原成实物图.

教学中,让学生掌握三个方向平行投影的几何含义是理解教学重点、突破教学难点的关键.

五、教学提示

1. 在三视图的教学中,要注重与初中知识的衔接,力求使学生感受与初中所学三视图之间的自然衔接和再次学习三视图画法的必要性.教师可从特殊到一般,通过合理的教学方法、适当的教学组织形式,多举实例,多方位帮助学生进一步认识三视图.学生对几何体三视图的真正理解、掌握和运用是需要一个过程的,必须多次接触、反复体会,从而达到螺旋上升、逐步加深认识和理解的目的.

2. 三视图是从三个不同的方向看同一个物体而得到的三个视图.为了使三个视图更直观、准确地反映空间图形的大小,我们可以从前向后、从左向右、从上向下三个方向对物体进行平行投影.自前向后投影所得的视图称为主视图,自左向右投影所得的视图称为左视图,自上向下投影所得的视图称为俯视图.主视图反映物体的长和高,左视图反映物体的宽和高,俯视图反映物体的长和宽.这从根本上揭示了几何体三视图的本质:主视图和俯视图的长度相等,主视图和左视图的高度相等,俯视图和左视图的宽度相等.

3. 简单组合体一般分为叠加型和切割型.教师可通过对实物模型进行拆分或切割增强学生的感性认识.在简单组合体的三视图画法的教学中,教师应注意强调绘制三视图应注意的问题.教学中,教师应引导学生归纳出知识要点.

4. 例题与练习题.(1)例1要求画出正四棱锥的三视图.例2、例3、例4要求画出组合体的三视图.教师可先引导学生理解三视图定义的含义:由前向后观察物体得到的视图为主视图;由上向下观察物体得到的视图为俯视图;由左向右观察物体得到的视图为左视图.(2)例5和练习7.3中的第4题要求将三视图还原成实物图.由三视图还原成实物图是由局部到整体的过程,是培养学生空间想象能力的良好载体,对整个立体几何的学习有重要影响.

5. 习题.习题7.3 B组【能力提升】中的第2题考查学生将较为复杂的三视图还原为实物图的空间想象能力.教师可先让学生讨论、探究、分析三视图,寻找对应物体,再根据各物体拼接成实物图.

六、问题设计

教师在本节课应力求以学生为主体进行探究式的教学活动.本节课的教学内容实践性强,对学生的空间想象能力和动手实践能力要求很高,对于难以理解的部分,要注重学生对基本概念的理解.在教学设计中,应由简单几何体(柱体、锥体、球体)三视图的画法入手,不断引导和启发学生,由简至繁,循序渐进,让学生逐步掌握简单组合体的三视图画法,最好通过模型或三维动画模拟实物向学生演示三视图的形成过程,激发学生的学习兴趣,突破教学难点.

七、延伸拓展

由三视图还原成实物图,既是本节的重点又是难点.为突破本节的难点,教师应鼓励学生课后由简单三视图入手,想象实物图,并画出草图,再分析还原方法.

八、习题答案

练习 7.3

1. 如图 7-11 所示.

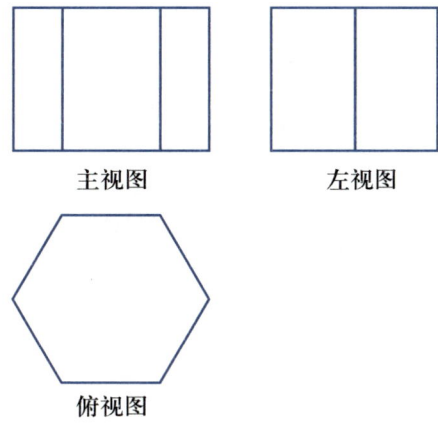

图 7-11

2. 略.

3. 如图 7-12 所示.

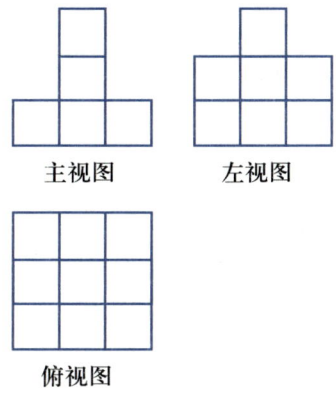

图 7-12

4. 如图 7-13 所示.

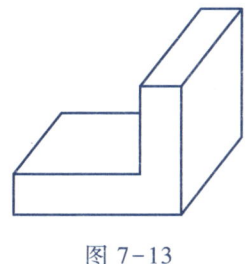

图 7-13

5. 略.

习题 7.3

A 组

1. 俯视图,主视图,左视图.

2. C.

3. 如图 7-14 所示.

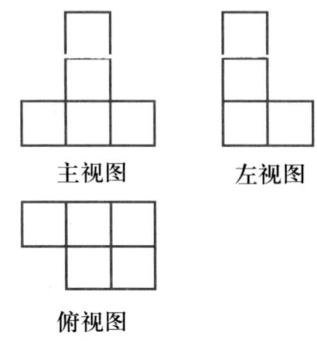

图 7-14

4.（1）如图 7-15 所示.

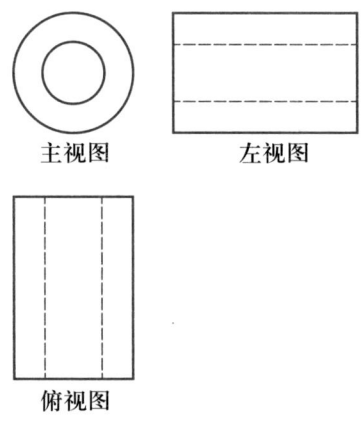

图 7-15

（2）如图 7-16 所示.

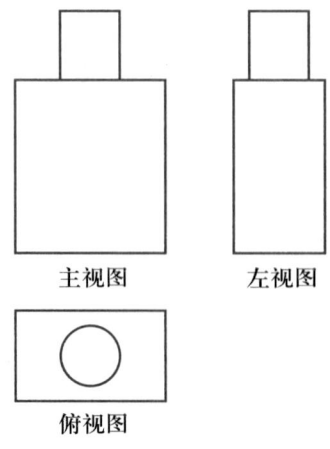

图 7-16

B 组

1. 主视图不正确,俯视图正确.主视图的修正图、左视图如图 7-17 所示.

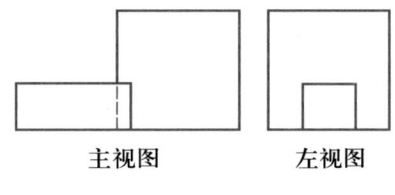

图 7-17

2. 如图 7-18 所示.

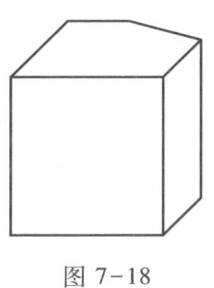

图 7-18

C 组

如图 7-19 所示.

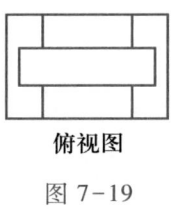

图 7-19

九、教学反思

1. 学习效果_____

2. 教学创新_____

3. 教学诊改_____

复习题 7 答案

A 组

一、1. B.

2. D.

3. C.

4. A.

5. C.

6. C.

二、7. $\frac{1}{2}a^3$.

8. $(36+9\sqrt{3})$ cm^2,$3\sqrt{39}$ cm^3.

9. 4 cm.

三、10. $S_{侧}=(384+192\sqrt{2})$ cm^2,$V=1\ 152$ cm^3.提示:由 $S_{底}=72$ cm^2,得 $AB=BC=12$ cm,$AC=12\sqrt{2}$ cm.$S_{侧}=(24+12\sqrt{2})\times 16=(384+192\sqrt{2})$ (cm^2).$V=72\times 16=1\ 152$ (cm^3).

11. $S_{侧}=\pi S$,$V=\frac{\pi S}{4}\sqrt{S}$.提示:设圆柱的底面半径为 r,则高为 $2r$,由题知 $S=4r^2$,得 $r=\frac{\sqrt{S}}{2}$.则 $S_{侧}=2\pi r\cdot 2r=4\pi r^2=4\pi\cdot\frac{S}{4}=\pi S$,$V=\pi r^2\cdot 2r=2\pi r^3=2\pi\cdot\frac{S\sqrt{S}}{8}=\frac{\pi S\sqrt{S}}{4}$.

12. $\frac{288}{\pi}$ cm^3 或 $\frac{192}{\pi}$ cm^3.

13. 如图 7-20 所示.

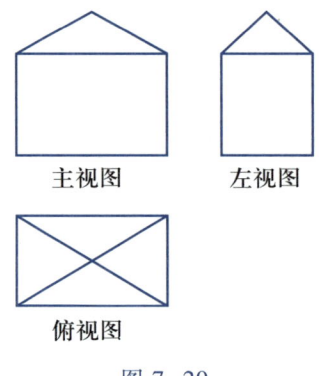

图 7-20

14. 如图 7-21 所示.

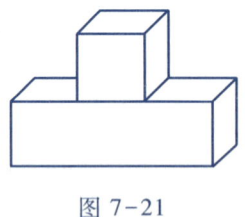

图 7-21

B 组

1. C.

2. $1\ 004.8$ cm^3.提示:$V=\pi r^2 h=8^2\times 5\pi\approx 1\ 004.8$ cm^3.

3. $\frac{3}{4}$.提示:设球的半径为 $2r$,则截面圆的半径为 $\sqrt{4r^2-r^2}=\sqrt{3}r$,所以截面圆的面积 $S_1=$

$\pi\left(\sqrt{3}r\right)^2 = 3\pi r^2$,球的大圆的面积 $S_2 = \pi(2r)^2 = 4\pi r^2$. 因此,截面圆的面积与大圆的面积之比为 $\dfrac{3}{4}$.

4.（1）方案一,体积 $V_1 = 400\pi$ m³. 提示：仓库的半径 $r_1 = 10$ m,$h_1 = 4$ m,则 $V_1 = \pi r_1^2 h_1 = 400\pi$ (m³).

方案二,体积 $V_2 = 288\pi$ m³. 提示：仓库的半径 $r_2 = 6$ m,$h_2 = 8$ m,则 $V_2 = \pi r_2^2 h_2 = 288\pi$ (m³).

（2）方案一,墙面建造成本为 $80\pi a$ 元. 提示：墙面建造成本 $y_1 = 2\pi r_1 h_1 a = 2\pi \times 10 \times 4 \times a = 80\pi a$（元）.

方案二,墙面建造成本为 $96\pi a$ 元. 提示：墙面建造成本 $y_2 = 2\pi r_2 h_2 a = 2\pi \times 6 \times 8 \times a = 96\pi a$（元）.

（3）方案一更经济. 提示：由（1）（2）知 $V_1 > V_2$,$y_1 < y_2$,即方案一体积大,可以储藏的粮食多、墙面建造面积小,用材少、成本低,所以选择方案一更经济.

Ⅳ 教案示例

圆 锥

一、教学目标

1. 了解圆锥的表面积与体积的计算.
2. 能看懂圆锥直观图,会计算圆锥表面积、体积.
3. 通过数学实验,认知圆锥模型与直观图,培养数学直觉,感受科学思维；关注生活中的数学模型,体会数学知识的应用；经历合作学习的过程,尝试探究与讨论,培养合作意识和钻研精神.

二、重点难点

重点：圆锥的结构特征及其面积、体积的计算.
难点：圆锥的相关计算.

三、教法

教学方法：项目教学法. 观察实践、启发引导、自主探究.
教学手段：教具（圆锥的模型）及多媒体动态演示.

四、学时安排

1 学时（45 min）.

五、教学过程(表 7-3)

表 7-3

教学环节	教学内容	师生活动	设计意图
复习旧知 (2 min)	(一)复习引入 棱柱、棱锥、圆柱表面积、体积公式	教师提问,学生回答,帮助学生及时回顾已学知识	检验学习效果,巩固旧知,引出本节主题
兴趣导入 (4 min)	(二)教学演示 如图所示,以直角三角形的一条直角边为旋转轴进行旋转,观察旋转一周所形成的几何体 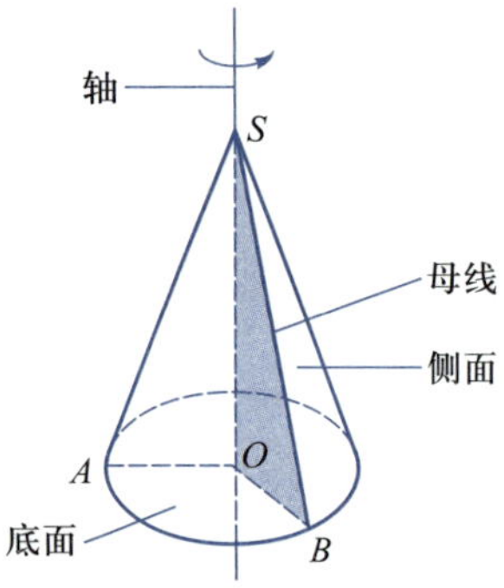	教师通过教具或者作图软件演示得出图形,并引导学生列举生活中的圆锥实物	培养学生的空间想象能力,让学生感受概念的形成过程. 培养学生归纳总结的意识,以及从个性到共性的思维方式
新知精讲 (18 min)	(三)探索新知 **圆锥**:以直角三角形的一条直角边为轴旋转一周,其余各边旋转所形成的封闭几何体.**轴**:旋转轴.**底面**:另一条直角边旋转而成的圆面.**侧面**:斜边旋转而成的曲面.**母线**:斜边.**顶点**:母线与轴的交点.**高**:顶点到底面的距离. **1. 想一想** 圆锥的顶点与底面圆心的连线的长度是否等于圆锥的高?为什么? **2. 圆锥的性质** 观察圆锥的图形,可以得到圆锥的下列性质: (1)平行于底面的截面是圆; (2)高垂直于底面圆,且过圆心; (3)轴截面为等腰三角形,高为圆锥的高,腰是圆锥的母线,底边是底面圆的直径. **3. 计算公式** 圆锥的侧面积、表面积及体积的计算公式如下: $S_{圆锥侧} = \pi r l$, $S_{圆锥表} = \pi r(l+r)$, $V_{圆锥} = \dfrac{1}{3}\pi r^2 h$. 其中,$r$ 为底面半径,l 为母线长,h 为圆锥高	教师引导学生用语言描述图形的形成过程,探究图形中的重要元素,并引导学生归纳出圆锥的性质. 教师根据前面复习的公式引导学生得出圆锥的侧面积、表面积和体积公式,并让学生思考每个字母的几何意义	帮助学生理解和感受概念从感性到抽象的形成过程,激发学生的学习兴趣,进一步提升学习自信心. 在互动中关注每位学生的表现

续表

教学环节	教学内容	师生活动	设计意图
新知精讲 （18 min）	（四）实验验证 （1）在圆锥容器中装满水或细沙； （2）将圆锥容器中的水或细沙全部倒入圆柱容器中； （3）重复步骤（1）（2）两次. **实验结果**：水或细沙刚好注满圆柱容器. **注意**：在对体积公式进行验证时，圆锥和圆柱容器应选择透明材质，并对水和细沙染色，便于观察. **实验结论**：圆柱的体积是同底等高的圆锥体积的3倍. 可以证明圆锥的体积为 $$V_{圆锥}=\frac{1}{3}\pi r^2 h,$$ 其中，r 为底面半径，l 为母线长，h 圆锥的高	师生共同完成验证实验	通过实验培养学生钻研思辨，精益求精的科学精神
学以致用 （9 min）	（五）知识巩固 **例** 圆锥的轴截面是边长为 4 cm 的等边三角形，求圆锥的表面积和体积. **解** 因为等边三角形的底边和腰分别是圆锥的底面直径和母线，所以圆锥的底面半径 $r=2$ cm，母线 $l=4$ cm，高 $h=\sqrt{4^2-2^2}=2\sqrt{3}$（cm），故圆锥的表面积为 $$S_{表}=S_{底}+S_{侧}=\pi r^2+\pi rl=\pi\times 2^2+\pi\times 2\times 4=12\pi（cm^2），$$ 圆锥的体积为 $$V=\frac{1}{3}\pi r^2 h=\frac{1}{3}\pi\times 2^2\times 2\sqrt{3}=\frac{8\sqrt{3}\pi}{3}（cm^3）$$	教师引导学生共同分析公式中的字母含义，结合图形，完成运算. 要强调书写格式，特别是单位的表示方法	从已知条件推出关键值，完成解题，让学生掌握分析问题时抓住主要矛盾进而解决问题的方法，培养学生的数学演绎能力，形成学习技巧
自主探究 （8 min）	（六）强化练习 已知圆锥的底面半径为 5 cm，母线为 13 cm，求这个圆锥的表面积和体积	学生随堂练习，请一位学生上讲台完成，教师观察每位学生的完成情况	强化巩固所学知识，突破教学重点难点
总结归纳 （4 min）	（七）思考并回答 （1）本节课学了哪些内容？重点和难点各是什么？ （2）本节课采用了怎样的学习方法？你是如何进行学习的？你的学习效果如何？ （3）圆锥的侧面积、表面积、体积公式是什么？ （八）书面作业 （1）画出圆锥的直观图及展开图，写出圆锥的表面积和体积公式. （2）教材中练习 7.2.2	教师回忆提问，学生给出答案，教师规范答案内容	进一步巩固知识点，检验学习效果，完成自我评价，培养学生总结、反思学习过程的能力

教学环节	教学内容	师生活动	设计意图
教学总结	**1. 教学特色** （1）通过复习旧知识，提升学生对新知识的接受能力，调动学生的课堂参与积极性． （2）数学实验激发了学生的学习兴趣，课堂趣味性较强． （3）师生共同完成新知学习的全过程，体现了以学生为中心的教育理念，课堂气氛浓厚，随堂练习，用不断的成功激发学习数学的自信心． **2. 教学反思** 学生的解题格式和书写规范性有待加强．		

Ⅴ 素养拓展

立体几何初步的定位

理解立体几何初步的定位，整体把握立体几何初步，对于提高立体几何初步的教学效果和学生的学习效果是非常重要的．那么，立体几何初步的内容将主要实现哪些教育功能？这是需要我们认真思考的问题．

一方面，需要了解立体几何初步的主要内容以及中职数学教学大纲与课程标准对这些内容的基本要求．立体几何初步的内容主要有三部分：直观图、三视图、基本几何图形的体积与表面积的计算等．

（1）直观图是教师熟悉的内容，中职数学教学大纲与课程标准对直观图的教学要求没有变化．

（2）三视图是一个新的内容．在初中，我们要求学生会画简单几何体的三视图，这些简单几何体包括球体、柱体、锥体．在了解初中学生所掌握的三视图知识的基础上，中职数学教师应理解中职数学课程标准对学生进一步学习三视图的要求，并且应从以下五个方面把握三视图的教学方向．第一，帮助学生理解虚线在三视图中的作用．例如，正五棱柱的三视图中出现的虚线．第二，强化学生对于由简单几何体组成的简单组合体的认识．简单组合体大体上有两类：一类是由几个简单几何体垒加起来的，另一类是由某个简单几何体嵌入另一个简单几何体中组成的．在此基础上，应帮助学生进一步体会，虚线在这些简单组合体的三视图中的作用．第三，帮助学生理解简单几何体的三视图之间的关系，以及在绘制过程中应注意哪些问题．第四，帮助学生利用三视图辨别几何体的立体图．这部分内容对学生来说有一定难度，因此教师在教学中一定要把握好所列举图形的难易程度．第五，要多结合生产生活特别是学生所学专业中常见的简单几何体帮助学生学习领会三视图的相关知识,力求学以致用.

（3）对于基本几何图形的体积与表面积的计算,教师应主要帮助学生学会使用基本几何体的计算公式进行相关计算.

另一方面,教师需要整体把握能够培养学生形成的主要数学能力和思想方法.空间想象能力是中职数学课程标准要求的基本核心素养之一.在简单几何体的教学中,培养学生的空间想象能力是重要的教学目标,希望教师对此给予关注.

我们常常听到这样的一些词:空间想象能力、几何直观能力、把握图形能力、几何洞察能力.这些词是数学家反复强调的.例如,我国著名数学家华罗庚历来重视"空间想象能力"在数学中的作用.20世纪50年代末,他建议把培养学生的空间想象能力列为数学教学大纲的教学目标之一；著名的数学家希尔伯特写了两本重要的专著,一本是《几何基础》,另一本是《几何直观》,他特别强调了"几何直观能力"在数学研究中的作用；著名的数学教育家、数学家弗赖登塔尔提出了"把握图形能力",他认为这是数学教育应培养学生具备的最基本的能力；著名华人数学家项武义提出,在数学研究和数学教育中,应着重培养学生的"几何洞察能力".我们应理解这些词的内涵,理解它们在数学教育中的作用.这些词的内涵可能有所不同,但是这些词的基本含义是一致的,这些能力不仅对数学研究是极为重要的、基本的,对数学教育和数学课程的设计同样重要.

在数学教学中,如何培养学生的空间想象能力、几何直观能力、把握图形能力和几何洞察能力？我们建议教师帮助学生学会尽可能用图形来刻画和描述问题,帮助学生学会尽可能用图形来寻求解决问题的思路,帮助学生学会尽可能用图形来理解、记忆和认识数学的结果以及这些结果的意义.最终,帮助学生形成这样的学习习惯,融汇在学习数学的各个环节中.

简单几何体是培养学生空间想象等能力的良好载体.我们应充分利用这些载体,实现提升学生空间想象等能力的目标.教师应处理好培养空间想象能力和逻辑推理能力之间的关系.

第 8 章 概率与统计初步

Ⅰ 教 学 要 求

一、教学目标

1. 理解随机现象的真实存在,了解随机事件与概率的意义,认识古典概型的特征;根据现实生活中的实际问题,能够领会简单随机抽样、系统抽样和分层抽样的特点;能够选择恰当的方法获取数据、分析数据,理解数据蕴含的信息并采用适当的统计图表描述和表达;结合实例,能够理解样本的均值、方差和标准差的含义,掌握计算方法.

2. 通过实际操作、计算机模拟等活动,探究频率与概率的区别与联系;体验古典概型的运算过程;区分简单随机抽样、系统抽样与分层抽样的应用条件;体验利用频率分布表、频率分布直方图表示数据的方法与过程;借助样本的均值、方差与标准差的计算,解决生活中的问题,培养和提升学生的数据分析、直观想象和数学建模等核心素养.

3. 通过现实生活中的现象,初步了解概率的基本性质与运算,培养学生发现问题、解决问题的能力;通过样本数据研究,掌握抽样的方法,培养学生数据分析、数学应用和数学建模的能力;通过统计图表的使用,培养学生科学规范、一丝不苟的品质.在"趣味数学""拓展延伸""信息技术应用"等内容的学习中,感受中国数学传统文化的悠久历史、中国数学研究对世界的贡献,以及"互联网+"对教育产生的巨大影响.

二、课程内容与学时建议

本章教学约需 12 学时,具体分配建议见表 8-1.

表 8-1

内容	内容要求	学时建议
8.1　随机事件	理解随机现象、随机事件及有关概念;了解事件的频率与概率的区别与联系	1
8.2　古典概型	理解古典概型;初步掌握古典概率的计算方法	1

续表

内容	内容要求	学时建议
8.3 概率的简单性质	了解互斥事件的概念；初步掌握互斥事件的加法公式	1
8.4 抽样方法	了解统计的基本思想；理解总体、个体、样本和样本容量等概念；理解简单随机抽样、系统抽样和分层抽样的概念；了解抽样方法的应用	3
8.5 统计图表	了解频率分布表和频率直方图等数据可视化描述方法；了解选择恰当的统计图表对数据进行分析的方法	3
8.6 样本的均值和标准差	理解均值、方差和标准差的含义；掌握均值、方差和标准差的计算方法	2
机动	习题课、复习课、测试等	1

Ⅱ 评价建议

一、水平层次（表 8-2）

表 8-2

学业水平描述	
水平一	水平二
在熟悉的单一情境中： 1. 会判断随机事件； 2. 会判断随机事件中的基本事件和古典概型，会求简单随机事件的古典概率； 3. 能用加法公式计算互斥事件的概率； 4. 会在实际的统计问题中，认识总体、个体、样本和样本容量等概念，会做简单随机抽样、系统抽样和分层抽样； 5. 会对抽样数据进行分析，能用方差公式及计算工具求样本的方差和标准差； 6. 会绘制频率分布表和频率直方图	在熟悉的关联情境中： 1. 达到水平一的 1—6； 2. 能抽象互斥事件的特征； 3. 能辨识简单随机抽样、系统抽样和分层抽样的联系与区别，会根据实际需要选择恰当的抽样方法； 4. 知道统计图表的特征及选用方法

二、样题举例

1. 抛掷一颗骰子，求事件 $C=\{$点数为偶数或 $1\}$ 的概率.

说明：通过分析，首先辨别事件 $A=\{$点数为偶数$\}$ 与事件 $B=\{$点数为 $1\}$ 是互斥事件，又因为事件 C 是事件 A 和事件 B 的和事件，因此可用互斥事件的概率加法公式求解. 能独立完成此题即可视为达到学业水平二.

2. 某企业有青年职工125人,中年职工280人,老年职工95人.为了解该单位职工年龄与身体状况的有关指标,从中抽取100名员工进行体检,应该如何设计抽样方案?

说明:题目没有明确用哪种抽样方法,因此学生能根据题意,辨识简单随机抽样、系统抽样和分层抽样的联系与区别,会根据实际需要选择恰当的抽样方法,即可视为达到学业水平二.

3. 某市政园林局为了解全市树木的生长情况,随机测量60株树木的底部周长(单位:cm),得到如下数据:

135, 98, 102, 110, 99, 121, 110, 96, 100, 103,
127, 97, 117, 113, 110, 92, 102, 109, 104, 112,
105, 124, 90, 131, 97, 102, 123, 104, 128, 109,
123, 111, 105, 92, 114, 108, 129, 126, 100, 117,
129, 126, 97, 98, 115, 117, 121, 129, 99, 111,
102, 108, 124, 98, 95, 108, 118, 124, 106, 108.

(1)根据上述数据列频率分布表;

(2)绘制频率分布直方图.

说明:题目要求列频率分布表和绘制频率分布直方图,按照教材绘出的步骤与方法,学生可以独立列频率分布表和绘制频率分布直方图,即可视为达到学业水平一.

4. 图8-1所示是一个样本频率分布直方图,已知在[15,18)内的频数为8.求:

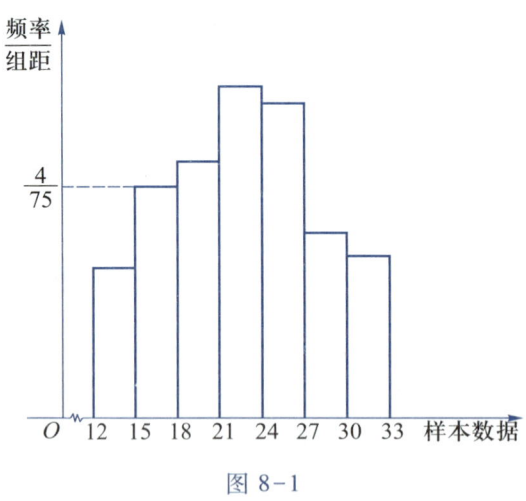

图 8-1

(1)样本容量;

(2)样本数据在[12,15)内且小矩形面积为0.06的频数;

(3)样本数据在[18,33)内的频率.

说明:学生已经学过绘制频率分布直方图的方法与步骤,题目是在已有知识的基础上进行拓展,培养学生逆向思维的能力.学生能深刻理解频率分布直方图的含义,掌握频率分布直方图中各元素的实际意义和相互关系,知道统计图表的特征及选用方法,即可视为达到学业水平二.

三、评价方法

1. 全面评价学生对概率与统计知识的学习和掌握情况、数学学科核心素养的达成情况；有利于增强学生学习数学的自信心，提高学生学习数学的兴趣，促进学生养成良好的数学学习习惯；关注学生已经掌握的知识和具备的能力，进一步发展和提升学生的数学学科核心素养.

2. 教学中，采用过程性评价，聚焦学生在课前预习、课堂活动、课后的表现.教师通过预设教学问题，检验学生对概念的理解程度；通过课内外作业的完成情况、知识测试等检验学生对概率与统计内容的掌握情况；通过学生的行为表现、学习态度检验学生数学抽象、数据分析和数学建模的核心素养.教师可以采用项目教学、情境教学和小组合作探究等教学方法，利用学生之间互评、教师对学生的点评等进行评价.

Ⅲ 教学建议

8.1 随机事件

一、知识准备

集合、随机事件、不可能事件和必然事件的概念.

二、结构知识（图8-2）

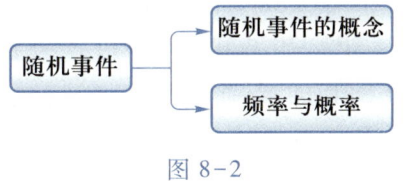

图 8-2

三、教学目标

1. 理解随机现象、随机事件等概念；了解事件的频率与概率的区别与联系.
2. 能够探究频率与概率的计算方法.
3. 感受现实生活中的随机现象，培养学生用数学的眼光观察世界的能力.

四、重点难点

重点：理解概率的意义.

难点：区别概率与频率的定义.

教学中,通过试验加强对概率定义的讲解是突破教学难点的关键.

五、教学提示

本节概念较多,为了使学生能更好地理解概念,教师可多列举生活中的实际现象,引导学生进行分析,明晰概率的含义.

1. 随机事件.

(1) 列举学生较为熟悉的生活现象,创设情境,给出必然现象、随机现象、随机试验、随机事件、基本事件、必然事件以及不可能事件的概念.教学中,教师要紧密结合生活中的案例,建立概率与生活现象的联系,通过分析,讲清楚随机事件、必然事件、不可能事件的概念,并使学生能正确判断随机事件、必然事件与不可能事件的区别与联系.

(2) 随机现象、随机试验、随机事件这三个概念既是独立的,又是彼此关联的.前一个概念是定义后一个概念的基础.因此,教学中可引导学生理解图 8-3 所示的关系式.

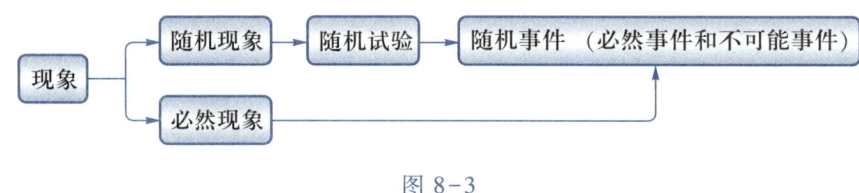

图 8-3

(3) 关于样本空间的定义,教师讲解时需要强调,样本空间是所有样本点组成的集合.教师应帮助学生复习集合的有关知识,明确要用集合的方法表示样本空间,才可以用集合的非空真子集、样本空间与空集定义随机事件、必然事件与不可能事件.

(4) 例题与练习题.① 例 1 和例 2 是考查学生对样本空间概念的理解.教师应引导学生理解例题的含义,强调样本空间是所有样本点组成的集合,提醒学生在解题过程中应该列举所有的样本点,可让学生求解练习 8.1.1 中的第 3 题,达到讲练结合的效果.② 例 3 是加强学生对必然事件、不可能事件和随机事件概念的理解,通过分析题目的内容,理解事件发生的可能性,从而判断它属于哪类事件,可让学生求解练习 8.1.1 中的第 1、2 题,达到讲练结合的效果.③ 练习 8.1.1 中的第 4 题需要教师提前预设并引导学生举出生活中的必然事件、不可能事件和随机事件,并对学生列举的事件进行分析,写出事件的样本空间,巩固学生对于本节课程中相关概念的理解.教师可以采用小组讨论的方式组织教学.

2. 频率与概率.

(1) 研究频率与概率问题一般是在相同的条件下、大量重复试验的情况下,观察事件发生的规律.教师在教学中应强调,频率是该事件发生的次数与试验总次数的比值,每次试验的频率可能相同也可能不同.

(2) 教师可以通过大量的重复试验引导学生认识到频率具有稳定性,从而可以把随机事件发生的可能性客观地反映出来.教师通过对频率的稳定性的讲解,引出概率的定义.

（3）在每次试验中，必然事件一定发生，试验重复进行 n 次，必然事件也发生 n 次，因此必然事件的频率总是 1；在每次试验中，不可能事件一定不发生，试验重复进行 n 次，不可能事件发生的次数是 0，因此不可能事件的频率总是 0.

（4）概率的定义：在 n 次重复试验中，事件 A 发生的频率 $\dfrac{m}{n}$ 总在某个常数附近波动，就把这个常数称为事件 A 发生的概率，频率是概率的近似值. 抛掷硬币的试验能够说明一个事件发生的频率稳定在它的概率左右. 这个试验做起来方便，教学中教师可以创设情境，带动学生做一做，亲自体验一下.

（5）教学中，教师一定要讲清楚事件的频率和事件的概率是两个不同的概念. 应向学生说明，随机事件的频率是与试验次数有关的数值，随着试验次数的不同而不同. 而事件的概率反映的是随机事件的某种本质属性，是与试验次数无关而客观存在的一个确定的数值. 还要强调，频率是概率的表现形式，概率决定频率的变化趋势，概率才是随机现象的本质属性. 在实际应用中，当试验次数足够多时，常常用频率近似代替概率. 例如，运动员投篮的准确率、企业生产产品的合格率、人口的出生率等.

（6）例题与练习题. 例 4 是帮助学生加深对频率与概率概念的理解. 教师可引导学生计算出频率 $\dfrac{m}{n}$ 的值，观察随着射击次数的增多，频率在某一数值附近波动，明确频率和概率的区别. 教师可引导学生求解练习 8.1.2 中的第 1、2 题，达到讲练结合的效果.

3. 习题. 习题 8.1 A 组【知识巩固】是为了引导学生加深对基础知识的理解，解题的思路和方法与例题相似. 引导学生多做练习，巩固基础知识，为以后的学习打下坚实的基础. B 组【能力提升】中的第 1 题考查学生对频率与概率的概念的理解，因此教师在教学过程中，应注意强调频率与概率这两个概念之间的区别.

六、问题设计

频率与概率的概念有什么不同？

教学中，教师可以让学生进行小组合作探究，先汇总学生的观点，再进行总结：（1）频率是概率的近似值，随着试验次数的增加，频率会越来越接近概率. 在生活中，如果不知道事件的概率，常常用频率作为概率的估计值.（2）在试验前，频率是不能确定的，是随机的，因此做同样次数的重复试验得到事件的频率有可能不同.（3）概率是确定的数值，是客观存在的，与试验次数无关.

七、延伸拓展

介绍概率知识在生活中的应用实例，如预报中蕴含的概率知识，通过天气预报、地震预报等实例，让学生理解概率在生活中的应用.

八、习题答案

练习 8.1.1

1. 必然事件:(1);不可能事件:(2)(5);随机事件:(3)(4).

2. $\Omega=\{0,1,2\}$,随机事件:(1)(2);不可能事件:(3);必然事件:(4).

3. $\Omega=\{($书法,计算机$),($计算机,陶艺$),($书法,陶艺$)\}$,3 个样本点.

4. 略.

练习 8.1.2

1. 0.125.

2.(1)答案见表 8-3.

表 8-3

投篮次数 n	100	150	200	250	300	350	400
投中次数 m	55	83	111	138	165	194	221
投中频率 $\dfrac{m}{n}$	0.550	0.553	0.555	0.552	0.550	0.554	0.553

(2) 0.55.

3. 不是必然事件.

习题 8.1

A 组

1. 不可能事件:(1);随机事件:(2)(3);必然事件:(4).

2.(1) $\Omega=\{0,1,2\}$;(2) A 包含的样本点为"没有硬币正面向上"和"只有一枚硬币正面向上".

3. 0.7.

4. 答案见表 8-4.

表 8-4

射门次数 n	200	500	1 000	2 000	5 000
进球次数 m	130	300	700	1 340	3 200
进球频率 $\dfrac{m}{n}$	0.65	0.60	0.70	0.67	0.64

5.(1)答案见表 8-5.

表 8-5

批数	1	2	3	4	5	6	7
种子数 n	100	300	600	1 200	2 400	4 800	9 600
发芽数 m	96	282	570	1 138	2 277	4 555	9 114
发芽频率 $\frac{m}{n}$	0.960	0.940	0.950	0.948	0.949	0.949	0.949

（2）0.949.

B 组

1．（1）√;（2）×;（3）×.

2．（1）随机事件;（2）不可能事件;（3）必然事件.

3．（1）答案见表 8-6.

表 8-6

抽检次数	1	2	3	4	5	6
抽检产品数 n	100	500	1 000	2 000	5 000	10 000
次品数 m	9	41	81	158	399	801
出现次品的频率 $\frac{m}{n}$	0.090	0.082	0.081	0.079	0.080	0.080

（2）0.080.

C 组

第二种解释是正确的.

九、教学反思

1．学习效果_____

2．教学创新_____

3．教学诊改_____

8.2 古典概型

一、知识准备

样本空间和样本点.

二、新知结构(图 8-4)

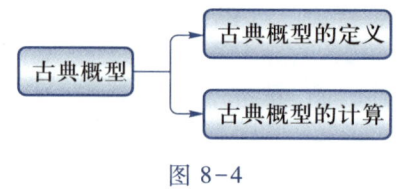

图 8-4

三、教学目标

1. 理解古典概型.
2. 初步掌握古典概率的计算方法.
3. 培养学生数学运算的核心素养.

四、重点难点

重点:古典概型定义的理解.

难点:古典概型的概率 $P(A)=\dfrac{m}{n}$ 的计算.

教学中,引导学生加强对样本空间和古典概型概念的理解是突破教学难点的关键.

五、教学提示

1. 古典概型的计算不要设置得太复杂.教学中,教师可引导学生重点理解古典概型的定义.对于古典概型,样本空间 Ω 包含的样本点总数为 n,事件 A 包含的样本点个数为 m,古典概型事件 A 的概率计算公式为 $P(A)=\dfrac{m}{n}$.

2. 引导学生加深对古典概型的两个特征的理解:有限性和等可能性.有限性是指随机试验所有可能出现的样本点只有有限个;等可能性是指每一个样本点出现的可能性相等.

3. 例题与练习题.例 1 和例 2 是训练学生用列举法表示随机试验的样本空间和样本点,列举样本点不能重复也不能遗漏,需按照规律全部列出,可引导学生完成练习 8.2 中的第 3 题,达到讲练结合的效果.练习 8.2 中的第 2 题是考查学生对古典概型概念的理解,特别要提醒学生注意古典概型的两个特征.

4. 习题.习题 8.2 A 组【知识巩固】中的第 1 题是考查学生对古典概型概念的理解,第 2—6 题是关于古典概型的计算.B 组【能力提升】需要教师引导学生理解题意,培养学生数学阅读的习惯,提升读题、审题的能力,理解题目中蕴含的已知条件,运用数学思维求解问题.练习时,教师要提醒学生注意 B 组【能力提升】第 3 题的"(2) A 和 B 同时被选中的概率"与"(3) A 或 B 被选中的概率"的区别.

六、问题设计

怎样理解古典概型的特征呢？

教师应引导学生明确随机试验所有可能出现的样本空间的样本点只有有限个，保证公式中分母是一个有限数值，同时应强调每一个样本点出现的可能性相等，否则可能会导致错误的结果．

七、延伸拓展

学习古典概型，可以通过生活中常见的实例激发学生的学习兴趣，如生活中的中奖概率问题、游戏中的公平性问题、储蓄卡密码的设计问题等都可以用古典概型计算概率．

八、习题答案

练习 8.2

1. 0.2.

2. （1）（2）是古典概型，（3）不是古典概型．

3. $\dfrac{1}{2}$.

习题 8.2

A 组

1. 不是古典概型．

2. $\dfrac{1}{3}$.

3. $\dfrac{1}{2}$.

4. $\dfrac{1}{13}$.

5. $\dfrac{1}{2}$.

6. （1）$\dfrac{1}{5}$；（2）$\dfrac{3}{5}$.

B 组

1. $\dfrac{1}{5}$.

2. （1）$\dfrac{3}{10}$；（2）$\dfrac{1}{2}$；（3）$\dfrac{7}{10}$.

3. （1）$\dfrac{1}{2}$；（2）$\dfrac{1}{6}$；（3）$\dfrac{2}{3}$.

C 组

略.

九、教学反思

1. 学习效果_____

2. 教学创新_____

3. 教学诊改_____

8.3 概率的简单性质

一、知识准备

集合的运算.

二、新知结构(图 8-5)

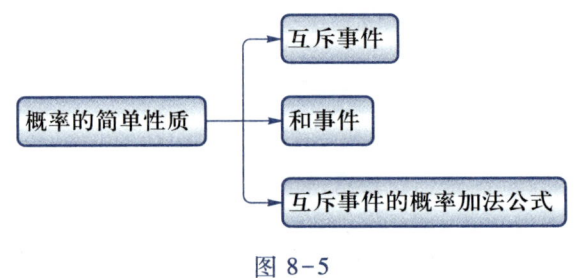

图 8-5

三、教学目标

1. 了解互斥事件与和事件的概念,初步掌握互斥事件的加法公式.

2. 梳理互斥事件与和事件的特征,探究互斥事件的加法公式的运算过程.

3. 培养学生数学运算的核心素养.

四、重点难点

重点:互斥事件与和事件的概念.

难点:判断互斥事件,理解互斥事件的概率加法公式.

教学中,引导学生加深对互斥事件与和事件概念的理解是突破教学难点的关键.

五、教学提示

1. 教学中应强调,互斥事件是指在一次随机试验中,不可能同时发生的两个事件.教师应引导学生能够辨认、识别、判断互斥事件,启发学生列举互斥事件和非互斥事件的案例,使学生理解并掌握互斥事件概念.和事件是指在同一试验中,事件 A 或事件 B 中至少有一个发生它就发生的事件.教材直接给出了互斥事件的概率加法公式,没有加以证明.教学中,教师应要求学生能理解其含义,掌握互斥事件的概率加法公式的使用条件,利用公式计算互斥事件的概率.

教学中,教师要强调,互斥事件不能同时发生,同时发生的两个事件一定不是互斥事件.若事件 A 和事件 B 互斥,即当事件 A 或事件 B 中至少有一个发生(用 A∪B 表示)时,我们可以使用概率的加法公式 $P(A \cup B) = P(A) + P(B)$ 来计算概率.一定要强调,概率公式 $P(A \cup B) = P(A) + P(B)$ 只适用于互斥事件.

2. 例题与练习题.例 1 和例 2 是巩固和加深学生对互斥事件的概率加法公式的理解和应用.教师应引导学生复习集合的有关知识,利用互斥事件的概率加法公式求解,让学生求解练习 8.3 中的第 3 题,达到讲练结合的效果.

3. 习题.习题 8.3 A 组【知识巩固】主要是让学生通过练习理解互斥事件的概念,运用互斥事件的概率加法公式求互斥事件的概率.B 组【能力提升】要求教师引导学生阅读问题,分析题目中的已知条件,结合互斥事件的概率加法公式解决问题.

六、问题设计

教师帮助学生理解互斥事件的概念,并提出问题:抛掷一颗骰子,观察掷出的点数,设 A = {点数为 1},B = {点数为 2},事件 A 和事件 B 能同时发生吗?

可以先让学生充分研讨,然后教师再引导学生做如下分析:每次掷出骰子,向上的面只有一个点数,因此事件 A 和事件 B 不可能同时发生.像这样,不可能同时发生的两个事件称为互斥事件.重点强调在同一个试验中,事件 A 与事件 B 不能同时发生.

七、延伸拓展

可以推广到多个两两互斥事件.例如,若事件 A、事件 B、事件 C 两两互斥,则有
$$P(A \cup B \cup C) = P(A) + P(B) + P(C),$$
其中,事件 A∪B∪C 意味着事件 A、事件 B、事件 C 中至少有一个发生.

八、习题答案

练习 8.3

1. (1)互斥事件;(2)(3)不是互斥事件.
2. 0.762.
3. $\dfrac{2}{3}$.

习题 8.3

A 组

1. $\dfrac{3}{10}$.

2. 0.35.

3. 0.25.

4. (1)(2)(3)不是互斥事件,(4)是互斥事件.

5. 0.8.

6. $\dfrac{2}{3}$.

B 组

1. 0.3.

2. 0.93.

3. (1) $\dfrac{11}{36}$;(2) $\dfrac{1}{6}$;(3) $\dfrac{5}{18}$.

C 组

略.

九、教学反思

1. 学习效果_____

2. 教学创新_____

3. 教学诊改_____

8.4 抽样方法

一、知识准备

统计调查与简单随机抽样.

二、新知结构(图 8-6)

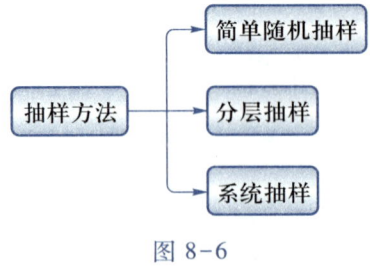

图 8-6

三、教学目标

1. 了解统计的基本思想;理解总体、个体、样本和样本容量等概念;理解简单随机抽样、系统抽样和分层抽样的概念;了解抽样方法的应用.

2. 观察现实生活中的样本,分析样本的特点,探求利用抽样方法解决生活中的问题的方法.

3. 加深学生对抽样方法的理解,帮助学生针对不同的样本,采用相应的抽样方法,培养学生数据分析、数学建模的核心素养.

四、重点难点

重点:抽样方法的理解.

难点:抽样方法的应用.

教学中,加强对三种不同抽样方法的步骤的讲解是突破教学难点的关键.

五、教学提示

1. 统计的基本思想方法是用样本估计总体,即用局部推断整体.这就要求样本应具有良好的代表性,样本能体现总体的特性.抽样是选取样本的基础,样本的选取是否恰当,对于研究总体是十分关键的.因此,在教学中,要提高对抽样方法重要性的认识.教师应结合具体问题进行演示与讲解.首先,要讲清楚抽样方法的原理与步骤;然后,通过对具体问题的解决过程让学生感知抽样方法在解决实际问题中的重要性.

2. 教学中,教师应强调,总体与个体的含义是指总体与个体的某一数量指标,如灯泡的使用寿命、大豆的产量、乒乓球的质量等.因此,总体可以看作某些数据的集合.样本是总体这个集合的一个子集.它是由总体中的一部分个体组成,这部分个体的数量称为样本的容量.教师在讲解总体、样本、样本的容量时,一定要把它们的内涵及其关系阐述清楚,并举出一些例子加以说明.可以结合总体与个体、样本三者之间的关系讲解,即所有的个体构成了总体,样本取自总体.因此,样本是总体的一部分,没有个体就没有总体.

3. 简单随机抽样.

(1)教材介绍了最常用的简单随机抽样方法,即抽签法.教师可以通过介绍抽签法的步骤引导学生理解简单随机抽样的应用.需注意的是,使用抽签法的前提条件是:总体中的个体数比较少,个体逐个抽取,个体不放回抽样并且每一个个体被抽取的概率相等.

(2)例题与练习题.例1是让学生深刻理解抽签法的步骤.教师可以按照教材给出的步骤,设计抽取方案,然后让学生求解练习8.4.1中的第3题,达到讲练结合的效果.

4. 系统抽样.

(1)系统抽样容易实施,节约抽样成本,系统抽样所得样本的代表性和具体的编号有关,如果编号的个体特征随编号的变化呈现一定的周期性,可能系统抽样的代表性很差.例如,抽取某学校的学生,男生为单号,女生为双号,用系统抽样的方法抽取样本,可能抽取的样本全部为男生,或全部为女生,不具有代表性.因此,需注意使用系统抽样的前提条件是:总体中的个体较多,将总体分成几部分,按规则在各部分抽取,在起始部分抽取时,采用简单随机抽样,每个个体被抽到的概率相同.

（2）例题与练习题.① 例2是让学生熟悉系统抽样的步骤,可以让学生求解练习8.4.2中的第3题,达到讲练结合的效果.② 例3是为加深学生对系统抽样方法中的"分段"的理解,有一定难度,需要学生深刻理解系统抽样的方法,理解分段的含义.已知系统抽样的结果,求编号落在某区域的人数,可训练学生的逆向思维,让学生求解练习8.4.2中的第4题,达到讲练结合的效果.

5. 分层抽样.

（1）分层抽样是充分利用已知的总体信息,得到的样本比简单随机抽样和系统抽样有更好的代表性,可以得到各层的样本来估计各层的信息.因此,需要注意使用系统抽样的前提条件是:总体是由差异明显的几部分构成的,将总体分成几层,分层进行抽取,各层抽样可采用简单随机抽样或系统抽样,每个个体被抽到的概率相同.

（2）例题和练习题.① 例4是分层抽样步骤的直接应用,同练习8.4.3中的第3题配合讲解,可以达到讲练结合的效果.② 例5是在学生充分理解分层抽样步骤的基础上,用于训练学生的逆向思维,可以同练习8.4.3中的第2题配合讲解,达到讲练结合的效果.

6. 习题.习题8.4A组【知识巩固】中的5道题,是对教材中例题的补充和深化,题目的难度符合学生的认知规律,解题方法可以参考例题.B组【能力提升】是在知识巩固的基础上加强学生对于3种抽样方法的理解和掌握,让学生在理解例题的基础上完成.

六、问题设计

在新课的引入环节,教师可以提问,为什么通过品尝一杯咖啡的味道就能知道整个咖啡机中咖啡的味道？

教师可引导学生进行充分讨论,让学生认识到咖啡机中所有的咖啡相当于总体,一杯咖啡相当于取出的样本,搅拌均匀可保证样本同总体原料一致、味道一致.通过品尝咖啡的生活情境,让学生明白抽样方法的重要性.在超市,很多商家让顾客品尝各种酸奶、饮料等也是抽样方法在生活中的应用.

七、延伸拓展

请学生设计抽样方法,调查中央电视台春节联欢晚会的收视率.这是一个开放性的题目,没有标准答案.教师可引导学生设计抽样方案,分析样本的代表性.建议教师引导学生用分层抽样方法,可以按照年龄、职业、地域等进行不同形式的分层.

八、习题答案

练习8.4.1

1. 总体是300件产品；样本是50件产品；样本容量是50.

2. （1）（3）不是简单随机抽样；（2）是简单随机抽样.

3. 抽样方案如下.

(1)编号:将30辆汽车进行编号,编号的顺序是1,2,…,30;

(2)做签:将号码分别写在30张大小、形状都相同的纸条上,揉成团,制成号签;

(3)抽签:将号签放在不透明的容器中摇匀,从中不放回地逐个抽取4个号签;

(4)取样:记录号签的编号,所得号码对应的汽车就是进行测试的汽车.

4. 略.

练习8.4.2

1. 11.

2. 50.

3. 抽样方案如下.

(1)编号:将800名学生随机编号为1至800;

(2)确定分段间隔k:取间隔$k = \dfrac{800}{50} = 16$,将总体分为50段,每段含有16个个体,即第1段号码为1至16,第2段号码为17至32,…,第50段号码为785至800.

(3)确定第一个编号:在第一段编号中用简单随机抽样的方法随机抽取一个编号l(如$l = 15$).

(4)取样:从每一段中将编号15,31,47,…,799共50个号码选出,由这50个号码所对应的学生进行牙齿健康检查.

4. 12.

练习8.4.3

1. 退休教师抽取4人,公共基础课教师抽取13人,专业课教师抽取19人.

2. 乙产品有2件.

3. 抽样方案如下.

(1)分层:按照A、B、C三个社区进行分层;

(2)计算:样本90套,总体900户,样本容量与总体个数的比值为$\dfrac{90}{900} = \dfrac{1}{10}$;

(3)确定各层的经济适用房的数量:A社区有400户,从中抽取$400 \times \dfrac{1}{10} = 40$户;B社区有300户,从中抽取$300 \times \dfrac{1}{10} = 30$户;C社区有200户,从中抽取$200 \times \dfrac{1}{10} = 20$户;

(4)取样:对900户居民用分层抽样的方法,从中抽取90户;对A、B、C社区的居民可用系统抽样的方法抽取;将以上各社区抽出的个体合并,即得到90套经济适用房的分配对象.

习题8.4

A组

1. 总体是12 000名学生的数学课程学习情况;个体是每一名学生的数学课程学习情况;样本是400名学生的中考数学成绩;样本容量是400.

2. 抽样方案如下.

（1）编号：将 50 台设备进行编号，编号的顺序是 1,2,…,50；

（2）做签：将号码分别写在 50 张大小、形状都相同的纸条上，揉成团，制成号签；

（3）抽签：将号签放在不透明的容器中摇匀，从中不放回地逐个抽取 10 个号签；

（4）取样：记录号签的编号，所得号码对应的设备就是需要进行检测的设备.

3. 6.

4. 甲校 30 名学生；乙校 45 名；丙校 15 名学生.

5. 抽样方案如下.

（1）分层：按照企业青年职工、中年职工和老年职工进行分层；

（2）计算：样本 100 人，总体 500 人，样本容量与总体个数的比值为 $\dfrac{100}{500}=\dfrac{1}{5}$；

（3）确定各层应抽取的体检人数：青年职工有 125 人，从中抽取 $125\times\dfrac{1}{5}=25$ 人；中年职工有 280 人，从中抽取 $280\times\dfrac{1}{5}=56$ 人；老年职工有 95 人，从中抽取 $95\times\dfrac{1}{5}=19$ 人；

（4）取样：对 500 名企业职工采用分层抽样的方法，从中抽取 100 人；对中年职工可用系统抽样的方法抽取；对青年职工和老年职工可采用简单随机抽样的方法抽取，将以上各层抽出的个体合并，即得到 100 名职工.

B 组

1. 抽样方案如下.

（1）编号：将 100 份盒饭进行编号，编号的顺序是 1,2,…,100；

（2）做签：将号码分别写在 100 张大小、形状都相同的纸条上，揉成团，制成号签；

（3）抽签：将号签放在不透明的容器中摇匀，从中不放回地逐个抽取 10 个号签；

（4）取样：记录号签的编号，所得号码对应的盒饭就是需要进行检测的盒饭.

2. 抽样方案如下.

（1）编号：可以按照准考证号码确定学生的编号；

（2）分段：按照 1∶5 的比例抽取部分学生，即抽取 30 名学生. 取间隔 $k=\dfrac{180}{30}=6$，将总体分为 30 段，每段含有 6 个个体，即第 1 段号码为 1 至 6，第 2 段号码为 7 至 12，……，第 30 段号码为 175 至 180.

（3）确定第一个编号：在第一段编号中用简单随机抽样的方法随机抽取一个编号 l（如 $l=5$）.

（4）取样：从每一段中将编号 5,11,17,…,179 共 30 个号码选出，由这 30 个号码所对应的学生组成样本，对其成绩进行分析.

3. 通过已知条件可求得车间 A 生产 800 个零件，车间 B、车间 C 分别生产 600 个零件，样

本与总体的比值为 $\frac{50}{2\,000}=\frac{1}{40}$，因此车间 A 抽取 $800\times\frac{1}{40}=20$ 个零件，车间 B 抽取 $600\times\frac{1}{40}=15$ 个零件，车间 C 抽取 $600\times\frac{1}{40}=15$ 个零件.

C 组

略.

九、教学反思

1. 学习效果＿＿＿＿＿＿＿＿＿＿＿＿＿＿＿＿＿＿＿＿＿＿＿＿＿＿＿＿

2. 教学创新＿＿＿＿＿＿＿＿＿＿＿＿＿＿＿＿＿＿＿＿＿＿＿＿＿＿＿＿

3. 教学诊改＿＿＿＿＿＿＿＿＿＿＿＿＿＿＿＿＿＿＿＿＿＿＿＿＿＿＿＿

8.5　统计图表

一、知识准备

列频数分布表和绘制频数分布直方图.

二、新知结构（图 8-7）

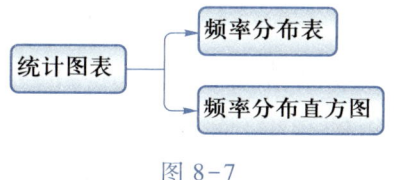

图 8-7

三、教学目标

1. 列频率分布表和绘制频率分布直方图.

2. 了解频率分布表和频率分布直方图等数据可视化描述方法.

3. 通过列频率分布表和绘制频率分布直方图，体会解题的步骤，培养数学运算、数据分析的核心素养.

四、重点难点

重点：列频率分布表，绘制频率分布直方图.

难点：对样本数据的整理.

教学中，加强关于列频率分布表和绘制频率分布直方图的步骤的讲解是突破教学难点的关键.

五、教学提示

教学中,教师可以设置教学情境,引导学生复习初中阶段学习过的频数分布表和频数分布直方图,通过类比的方法使学生掌握列频率分布表、绘制频率分布直方图的步骤,了解频率分布表与频率分布直方图的特性,进一步体会用样本估计总体的思想.培养学生运用统计思想表述、思考和解决现实生活中的问题的能力.

1. 在生活中,解决很多问题都需要了解总体分布的信息,而总体分布需要用样本估计,频率分布表则是总体分布的一种近似表示.

2. 已知样本,要对样本数据进行整理.先根据样本列频率分布表,再绘制频率分布直方图,这是由样本估计总体分布的基本方法.理论上不难,只是具体操作起来比较麻烦.教学中,教师应结合例题把列频率分布表和绘制频率分布直方图的步骤、要领讲清楚;让学生自己动手,通过实际操作掌握方法;让学生意识到,对样本数据的整理是统计工作的基本功,尽管麻烦但很重要,因此要多加练习,培养一丝不苟的工匠精神,提升数学运算的核心素养.

3. 列频率分布表和绘制频率分布直方图的步骤:(1)计算极差;(2)确定组数与组距;(3)确定分点;(4)列频率分布表;(5)绘制频率分布直方图.

前三步是对数据的整理,决定组距与组数需要根据具体情况灵活处理;第四步列频率分布表时,需要依次计算各个频率;最后将所有的频率相加验证结论是否等于1;完成这四步之后,可以利用其结果,绘制频率分布直方图.

4. 绘制频率分布直方图之前需要建立平面直角坐标系:横轴表示组距,组距的分点标在横轴上;纵轴表示频率与组距的比值.各个小长方形的面积等于相应各组的频率,这样频率分布直方图就通过图形的面积反映了数据落在各个小组内的频率大小.在频率分布直方图中,由于各小长方形的面积等于相应各组的频率,而各组频率的和等于1,因此各小长方形面积的和等于1.教学中,教师可以利用 GeoGebra 软件作频率分布直方图.

5. 例题与练习题.例题是为了加深学生对列频率分布表和绘制频率分布直方图的理解,使学生掌握频率的计算方法,理解绘制频率分布直方图时各数据的含义,掌握列频率分布表与绘制频率分布直方图的步骤,可以引导学生完成练习8.5中的第2题和第3题,达到讲练结合的效果.

6. 习题.习题8.5A组【知识巩固】是全面考查学生对统计图表知识的理解,锻炼学生的逻辑推理能力.教师可引导学生对照例题采用类比的方法求解.B组【能力提升】的题目难度增加,需要教师在组织教学的过程中,精心设计,重点突出,与教材的内容相结合,突破难点,训练学生的逆向思维和知识迁移能力,需要学生真正理解和掌握本节的知识,才能完成能力提升的训练.

六、问题设计

绘制频率分布直方图中的小矩形面积之和等于多少?

通过讲解频率分布直方图中各数据的关系,引导学生深刻理解频率分布直方图的意义.学生按照步骤可以绘制频率分布直方图,也可以根据频率分布直方图求样本容量、频数等基本数据.

七、延伸拓展

绘制频率分布直方图是在学生初中学习的频数分布直方图的基础上,进一步刻画样本的特性.频率分布表可以清楚地反映数据的分布规律,频率分布直方图可以把频率分布表中的规律直观、形象地反映出来.

八、习题答案

练习 8.5

1. 12.

2.（1）24,4；

（2）答案见表 8-7.

表 8-7

分组	频数	频率
[21,25)	3	0.15
[25,29)	6	0.30
[29,33)	4	0.20
[33,37)	3	0.15
[37,41)	1	0.05
[41,45]	3	0.15
合计	20	1.00

3. 答案如图 8-8 所示.

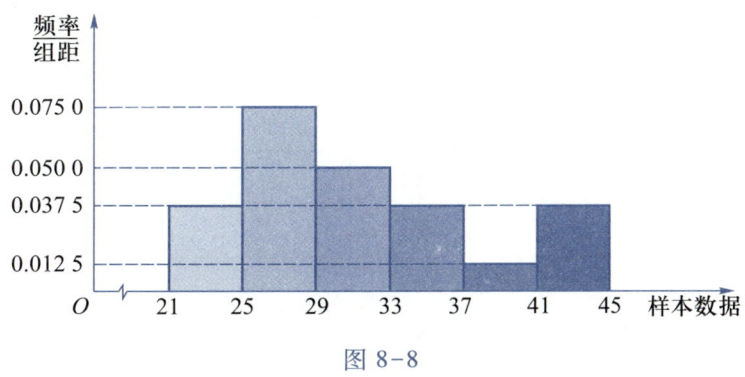

图 8-8

习题 8.5

A 组

1. 5.

2. 56.

3. 17,5.

4. 0.4.

5.（1）数据极大值为 135,极小值为 90.可以分为 5 组,组距为 9.频率分布表见表 8-8.

表 8-8

分组	频数	频率
[90,99)	11	0.183
[99,108)	14	0.233
[108,117)	15	0.250
[117,126)	12	0.200
[126,135]	8	0.134
合计	60	1.000

（2）答案如图 8-9 所示.

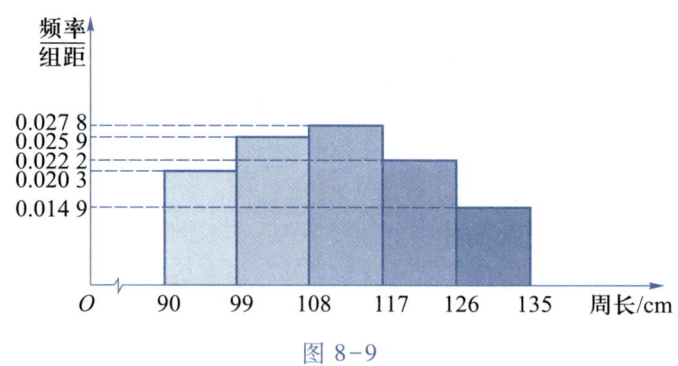

图 8-9

6.（1）50;（2）3;（3）0.78.

B 组

1. 4,0.1.

2.（1）数据最大值为 67,最小值为 28,可以分为 5 组,组距为 8.频率分布表见表 8-9.

表 8-9

分组	频数	频率
[27.5,35.5)	4	0.08
[35.5,43.5)	15	0.30
[43.5,51.5)	18	0.36
[51.5,59.5)	8	0.16
[59.5,67.5)	5	0.10
合计	50	1.00

（2）答案如图 8-10 所示.

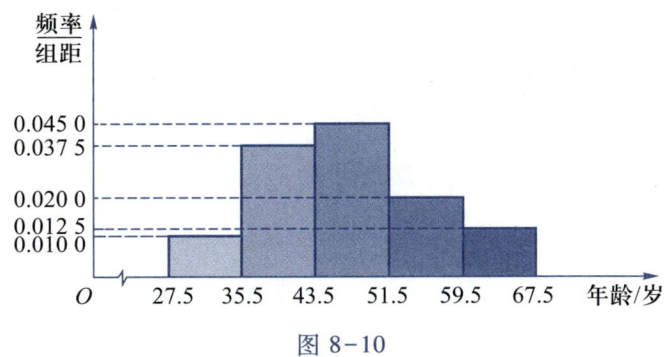

图 8-10

（3）70%.

3.（1）0.08,150;（2）88%.

C 组

略.

九、教学反思

1. 学习效果＿＿＿＿＿＿＿＿＿＿＿＿＿＿＿＿＿＿＿＿＿＿＿＿＿＿＿＿＿＿＿＿＿

2. 教学创新＿＿＿＿＿＿＿＿＿＿＿＿＿＿＿＿＿＿＿＿＿＿＿＿＿＿＿＿＿＿＿＿＿

3. 教学诊改＿＿＿＿＿＿＿＿＿＿＿＿＿＿＿＿＿＿＿＿＿＿＿＿＿＿＿＿＿＿＿＿＿

8.6 样本的均值和标准差

一、知识准备

平均数和方差.

二、新知结构（图 8-11）

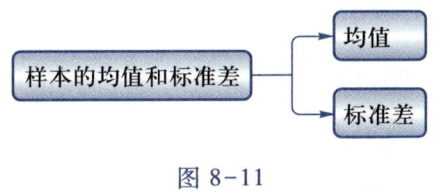

图 8-11

三、教学目标

1. 理解均值、方差和标准差的含义.

2. 掌握均值、方差和标准差的计算方法.

3. 培养学生数学运算的核心素养.

四、重点难点

重点:均值与标准差的计算.

难点:均值与标准差的应用.

教学中,加强标准差概念的讲解是突破教学难点的关键.

五、教学提示

1. 均值的计算与样本中的每一个数据都有关系,样本数据之间差别越大,对均值的影响越大.教学中,可以利用计算机进行模拟,展示不同的数据对样本均值的影响.教师教学中还可以举例说明,例如,比赛时,计算选手的成绩均值时常常去掉选手的一个最高分和一个最低分,原因就是为了防止裁判给出不合理的高分或低分而对选手造成较大的影响,从而保证比赛的公平性.

2. 样本标准差反映样本数据的离散程度和数据聚集在样本均值周围的程度.标准差越大,样本数据在样本均值周围越分散;标准差越小,样本数据在样本均值周围越集中.

3. 通常情况下,我们不知道总体的分布状况,只知道它的某些特征.例如,在测量某零件的长度时,每次测量的结果不尽相同,即零件长度的测量值是一个随机变量,但要知道该零件的平均测量长度及测量结果的精确度,就要求得测量长度的均值与离散程度.又如,对一个射击运动员的射击水平进行评价,除了根据他多次射击的平均命中环数评定,还要看他每次射击命中的环数与平均命中环数的偏差,偏差越大,表明射击命中点越分散,射击的技术水平越不稳定.因此,在实际问题中,我们可以用均值与标准差衡量数据的离散程度.在本节的教学中,教师要向学生明确标准差的概念,即"它可以用来衡量一组数据的波动大小,标准差越大,说明这组数据波动越大".因此,通过标准差的计算及两组标准差大小的比较,说明数据的离散程度.

4. 例题与习题.例1计算样本均值,可以同练习8.6中的第1题配合讲解,达到讲练结合的效果.在生活中,可以将标准差理解为样本的稳定性.比如,例2和例3都是对标准差的应用.比较两个班级的数学成绩的稳定性,标准差越小意味着成绩越稳定;在运动员进行比赛时,其成绩的标准差越小,说明运动员的成绩越稳定,越适合参加比赛.教师可以引导学生完成练习8.6中的第3题,达到讲练结合的效果.

5. 习题.习题8.6A组【知识巩固】的题目可以参照例题的解法,其中第6题有一定的难度,需要教师预先进行知识铺垫和引导.B组【能力提升】的题目难度增加,主要表现在计算量变大,对运算精度要求提高,提升学生数学运算的核心素养.

六、问题设计

教师可以根据"情境与问题",引导学生思考用什么方法可以估计所有考生的成绩.

七、延伸拓展

在标准差的公式中,如果是总体的标准差,标准差公式根号内除以 n,如果是样本的标准差,标准差公式根号内除以 $(n-1)$.在实际应用中,我们大量接触的是样本,所以公式中使用根号内除以 $(n-1)$.

八、习题答案

练习 8.6

1. 100.6.

2. 样本均值,样本容量.

3. 80,4.67,2.16.

习题 8.6

A 组

1. 5.

2. $3\mu+2, 3\sqrt{\dfrac{1}{n-1}[(a_1-\mu)^2+(a_2-\mu)^2+\cdots+(a_n-\mu)^2]}$.

3. $\dfrac{\sqrt{10}}{2}$.

4. 10,3.

5. 甲样本标准差为 $\dfrac{\sqrt{10}}{2}$,乙样本标准差为 $\sqrt{5}$.

6. 4.

B 组

1. 4.222,2.055.

2. 62.8,3.6.

3. 甲的样本标准差约为 4.216,乙的样本标准差约为 5.412.因此,甲种水稻长得比较整齐.

C 组

略.

九、教学反思

1. 学习效果＿＿＿＿＿＿＿＿＿＿＿＿＿＿＿＿＿＿＿

2. 教学创新＿＿＿＿＿＿＿＿＿＿＿＿＿＿＿＿＿＿＿

3. 教学诊改＿＿＿＿＿＿＿＿＿＿＿＿＿＿＿＿＿＿＿

复习题 8 答案

A 组

一、1. A.　2. C.　3. A.　4. C.　5. C.

二、6. 必然

7. 0.7.

8. $\dfrac{2}{3}$.

9. 10.

10. 14.

三、11. {合唱社团、舞蹈社团}{合唱社团、摄影社团}{合唱社团、礼仪社团}{舞蹈社团、摄影社团}{舞蹈社团、礼仪社团}{摄影社团、礼仪社团}.

12. 0.25.

13. 2.

14. 数据最大值为 105,最小值为 56,可以分为 5 组,频率分布表见表 8-10.

表 8-10

分组	频数	频率
[55.5,65.5)	7	0.292
[65.5,75.5)	10	0.416
[75.5,85.5)	3	0.125
[85.5,95.5)	3	0.125
[95.5,105.5)	1	0.042
合计	24	1.000

频率直方图如图 8-12 所示.

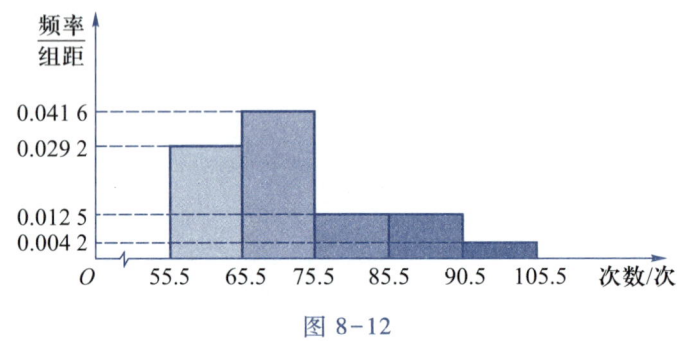

图 8-12

B 组

1. $\dfrac{1}{6}$.

2. （1）$\dfrac{1}{3}$；（2）$\dfrac{1}{3}$；（3）$\dfrac{1}{3}$.

3. A 组的均值为 48，标准差约为 3.247. B 组的均值为 56，标准差约为 12.534. 因此，A 组的打分更有参考价值.

Ⅳ 教案示例

古典概型

一、教学目标

1. 理解古典概型的特点及其概率计算公式.

2. 根据本节课的内容和学生的实际水平，引导学生观察"情境与问题"中的两个试验，让学生理解古典概型的特征.

3. 概率教学的核心问题是让学生了解随机现象与概率的意义，培养学生用数学的思维方法解决生活中的实际问题的能力，培养学生实事求是的科学态度和锲而不舍的精神.

二、重点难点

重点：理解古典概型的概念并利用古典概型求解随机事件的概率.

难点：判断一个试验是否为古典概型，分清在一个古典概型中某随机事件包含的基本事件的个数和试验中基本事件的总数；培养学生数学建模的核心素养.

三、教学策略

通过对"情境与问题"的理解和思考，归纳总结出古典概型的概率计算公式，体现了化归的重要思想，教学中，可采用列举法、学生小组合作探究和分类讨论的方法突破教学难点. 引导学生列举生活和学习中与古典概型有关的实例，提升学生的知识迁移能力.

四、学时安排

1 学时（45 min）.

五、教学过程(表 8-11)

表 8-11

教学环节	教学内容	师生活动	设计意图
情境导入 (约 8 min)	**情境与问题** (1)抛掷一枚质地均匀的硬币,观察向上的一面,这个随机试验的样本空间 $\Omega=\{$正面向上,反面向上$\}$,共 2 个样本点,它们出现的可能性相同吗? (2)抛掷一颗质地均匀的骰子,观察向上一面的点数,这个随机试验的样本空间 $\Omega=\{1,2,3,4,5,6\}$,共 6 个样本点,它们出现的可能性相同吗?(见课件)	教师创设情境,为导入新知做准备. 学生回忆样本空间、基本事件和事件的概率等定义. 教师进行实验教学,多次抛掷一枚硬币,让学生观察试验的结果;多次抛掷一颗骰子,让学生观察向上一面的点数.通过不同的试验,让学生记录试验的结果,通过教师的引导,学生感悟体验,讨论可能性是否相同,思考回答"情境与问题"中的两个问题.引出古典概型的两个重要性质	问题的提出,激发学生的求知欲望,提高学生的学习积极性和学习数学的兴趣
研探论证 (约 15 min)	**问题 1** (1)抛掷一枚质地均匀的硬币,观察向上的一面,有几个基本事件? (2)抛掷一颗质地均匀的骰子,观察向上一面的点数,样本点总数是多少?事件 $A=\{$出现偶数点$\}$包含了哪几个基本事件?	教师引导学生复习基本事件的概念,结合问题,指出基本事件,加深学生对概念的理解. 通过对以上问题的探究,引导学生理解基本事件的两个特点: (1)任何两个基本事件都是互斥的; (2)任何事件(除不可能事件)都可以表示成基本事件的和事件	问题的引导可以使学生更好地把握问题的关键. 让学生从问题的相同点和不同点中找出研究对象的对立和统一面,培养学生分析问题的能力
	问题 2 (1)抛掷一枚质地均匀的硬币,观察向上的一面,以下每个基本事件出现的概率是多少? 设事件 $A=\{$正面朝上$\}$,$B=\{$反面朝上$\}$. $P(A)=?$ $P(B)=?$	教师可以把学生分成 4 个小组,让学生先观察对比、讨论,找出两个试验的共同特点,再进行小组与小组之间的交流.教师可引导学生尝试列出所有的基本事件,然后进行概括和总结.对于学生讨论得出的结论,教师可进一步补充、提炼和说明	培养学生运用从具体到抽象、从特殊到一般的方法分析问题的能力,充分体现数学的化归思想.启发诱导学生的同时,训练学生观察、概括归纳和总结的能力.让学生很好地理解古典概型的特性

续表

教学环节	教学内容	师生活动	设计意图
研探论证（约15 min）	（2）抛掷一颗质地均匀的骰子，观察向上一面的点数，出现的概率是多少？ 设事件 $A_k=\{$向上一面的点数为 $k\}$ $(k=1,2,3,4,5,6)$ $P(A_1)=?$ $P(A_2)=?$ $P(A_3)=?$ $P(A_4)=?$ $P(A_5)=?$ $P(A_6)=?$ **问题3** 观察对比，"情境与问题"（1）和（2）有什么共同特点	（1）试验中所有可能出现的基本事件只有有限个（有限性）； （2）每个基本事件出现的可能性相等（等可能性）． 我们将具有这两个特点的概率模型称为**古典概率概型**，简称**古典概型**	培养学生运用从具体到抽象、从特殊到一般的方法分析问题的能力，充分体现数学的化归思想．启发诱导学生的同时，训练学生观察、概括归纳和总结的能力．让学生很好地理解古典概型的特性
	问题4 向一个圆面内随机地投射一个石子，如果该石子落在圆内任意一点的情况都是等可能性的，你认为这是古典概型吗？为什么？ **问题5** 我国射击运动员参加奥运会射击比赛，射击的结果只有有限个："命中10环""命中9环"……"命中1环""没有命中"．你认为这是古典概型吗？为什么？ **问题6** 你能举出几个生活中的古典概型的例子吗？	学生互相交流研讨，加深对问题的理解，教师进行引导和启发，特别要强调试验中所有可能出现的基本事件只有有限个这一特性．引导学生采用类比的方法，研究问题4． 关注学生对生活中的古典概型的认识和了解，教师根据学生回答适当点评，肯定学生的成绩，对学生的研讨过程和结论进行点评，渗透过程性评价，进一步拓展我国在奥运会射击比赛中取得的优异成绩，增强学生的民族自豪感	为了让学生更加准确地把握古典概型的两个特点，从而突破如何判断一个试验是否为古典概型这一教学难点． 介绍我国射击选手在奥运会上取得的优异成绩，培养学生的民族自豪感，学习运动员刻苦训练、一丝不苟、顽强拼搏的精神，有机融入思政教育
	问题7 在古典概型下，如何求随机事件的概率？ 例如，抛掷一颗均匀的骰子，事件 $A=\{$出现偶数点$\}$，求事件 A 的概率是多少？	教师提出问题，引导学生计算抛掷一颗均匀的骰子出现事件 A 的概率．	因为学生在本节课还没有学习互斥事件的概率加法公式，因此教材直接给出了求古典概型随机事件出现的概率的计算公式，对于公式的证明不进行探究．通过例题，深化学生对古典概型概率计算公式的理解

续表

教学环节	教学内容	师生活动	设计意图
研探论证 （约 15 min）	**提醒** 在使用古典概型的概率公式时，应该注意判断所用概率模型是不是古典概型	教师引导学生利用古典概型概率计算公式：样本空间 Ω 包含的样本点总数为 n，事件 A 包含的样本点个数为 m，古典概型事件 A 的概率计算公式为 $$P(A)=\frac{m}{n}.$$ 探讨：基本事件的总数为 6，事件 A 包含 3 个基本事件：{2 点}{4 点}{6 点}．因此，$P(A)=0.5$． 教师应提醒学生注意理解古典概型的概率计算公式，为后面学习例 1 和例 2 做铺垫	因为学生在本节课还没有学习互斥事件的概率加法公式，因此求古典概型随机事件出现的概率直接给出公式，对于公式的证明不进行探究．通过例题，深化学生对古典概型概率计算公式的理解
反馈矫正 （10 min）	**典型例题** **例 1** 抛掷一颗质地均匀的骰子，观察向上一面的点数，求事件 $A=\{$点数是奇数$\}$的概率． **例 2** 从 1，2，3，4 四个数字中任取两个数字求和，求和不大于 4 的概率． **思考与探究** （1）连续抛掷两枚硬币，它的样本空间 $\Omega=\{$（正，正），（正，反），（反，正），（反，反）$\}$．这个试验是古典概型吗？ （2）生活中，我们常使用抽签的方法．如，从 10 名同学中抽取 1 名同学担任奥运会志愿者，先抽签与后抽签被抽到的概率是一样的吗？ **课堂练习** （1）学校的图书园地书架上有语文、数学、英语、物理、化学共 5 本书，随机抽到语文书的概率为＿＿＿＿． （2）下列试验中，哪些是古典概型？ ① 从 5 人中任选一人担任小组长；	例 1 可以启发学生独立完成，展示学生的解法，并引导学生分析问题，加深学生对古典概型概念的理解，掌握古典概型概率的计算． 例 2 可以提示学生用列举法把所有可能的结果都列出来进行分析，找出两数字之和不大于 4 的事件的样本数，根据古典概型概率公式进行计算． 练习题由学生独立完成，巩固古典概型的定义和古典概型的概率公式．教师有意识地展示学生出错的问题，引导学生分析、反思学习过程	让学生理解解决概率计算问题的关键是先判断该概率模型是不是古典概型（重点判断是否满足等可能性），再找出随机事件 A 包含的基本事件的个数和试验中基本事件的总数． 用列举法列举基本事件的个数，不仅能让学生直观地感受到研究对象的总数，而且还能使学生在列举的时候做到不重不漏，解决求古典概型中基本事件总数这一难点． 加深学生对古典概型的理解（尤其是等可能性），提高学生发现问题、提出问题、分析问题、解决问题的能力，激发学生运用数学思维解决问题的兴趣，提升学生学习数学知识的热情 通过课堂练习，发现学生解题时容易出现错误的根本原因是研究的问题没有满足古典概型，从而再次帮助学生理解古典概型的概念，体现学生的主体地位，使学生逐渐养成自主探究的能力

续表

教学环节	教学内容	师生活动	设计意图
反馈矫正 (10 min)	② 口袋中有质地大小完全相同的7个球,从中任取一球; ③ 从某批零件中任意抽取一个零件,测量其长度. (3) 从不含大小王的52张扑克牌中随机抽取一张牌,求抽取到3的概率	对于课堂练习的第(3)题,教师可以进行模型展示,帮助学生突破难点,并理解其本质就是古典概型的应用,引导学生用表格列举试验中的基本事件的总数	建立有效的模型,能缩短学生解决问题的时间,训练学生的数学思维. 通过课堂练习进行拓展延伸,让学生带着问题走出课堂,继续学习
应用评价 (5 min)	**知识点** 1. 基本事件的定义. 2. 古典概型的定义和特点. (1) 试验中所有可能出现的基本事件只有有限个(有限性); (2) 每个基本事件出现的可能性相等(等可能性). 3. 古典概型的概率计算公式. **思想方法** 列举法,做到不重不漏	教师引导学生进行课堂小结、自我评价. 学生可以展示自己的所悟所得,与同伴分享成功的喜悦;还可以提出自己的困惑,师生共同探讨,将课堂小结作为自我评价的主阵地	帮助学生养成归纳总结的学习习惯,让学生学会思考和分享
思维创新 (7 min)	**必做题** (1) 抛掷一枚图钉,基本事件 $A = \{$钉尖向上$\}$,$B = \{$钉尖向下$\}$,这个试验是古典概型吗? (2) 从甲、乙、丙三人中任意选择一人担任"2022年北京冬奥会志愿者",求甲被选中的概率. (3) 抛掷两枚质地均匀的硬币,求事件 $A = \{$只有一枚正面向上$\}$ 的概率. (4) 从标有数字 $1,2,\cdots,10$ 的十张卡片中任意抽取一张,求取出标有奇数的卡片的概率. (5) 从 $0,1,2,3,4,5$ 这六个数字中随机抽取两个不同的数字,求: ① 这两个数字都是奇数的概率;	学生通过作业加深对知识的理解,进行课外反思,提高学习效果. 教师通过布置作业,检查学生对知识的掌握情况,进行自我教学评价,更新教法	学生通过作业,及时反馈,巩固所学知识;教师通过布置作业,提高学生的学习效率,同时能在学生的作业中发现教学的不足

教学环节	教学内容	师生活动	设计意图
思维创新 (7 min)	② 这两个数字之和是奇数的概率. （6）有编号为 1~10 的十个篮球，小明从中随机拿走一个，求小明拿到编号为 5 的整数倍的篮球的概率. （7）一个罐子里有 20 个玻璃球，其中红色球有 6 个，黑色球有 4 个，白色球有 10 个，如果从罐子里随机抽取 1 个球，求： ① 取到红色玻璃球的概率； ② 取到白色玻璃球的概率； ③ 取不到红色玻璃球的概率. **选做题** （1）从 A、B、C、D 四人中选取两人参加会议. 求： ① A 被选中的概率； ② A 和 B 同时被选中的概率； ③ A 或 B 被选中的概率. （2）在标准化的考试中，单选题是从 A、B、C、D 四个选项中选择一个正确的答案，如果有 10 道单选题，某同学答对了 8 道题，是他猜对的可能性大，还是他掌握了知识的可能性大？ 多选题是从 A、B、C、D 四个选项中选择所有正确的答案，同学们有一种感觉，如果不知道正确答案，多选题比单选题更难猜对，这是为什么呢	学生通过作业加深对知识的理解进行课外反思，提高学习效果. 教师通过布置作业，检查学生对知识的掌握情况，进行自我教学评价，更新教法	学生通过作业，及时反馈，巩固所学知识；教师通过布置作业，提高学生的学习效率，同时能在学生的作业中发现教学的不足

教学总结	**1. 教学特色**
	  本节课通过提出问题，引导学生发现问题，经历思考交流、概括归纳后得出古典概型的概念，由问题的提出进一步加深学生对古典概型的两个特点的理解；再引导学生通过观察类比推导出古典概型的概率计算公式. 这一过程能够培养学生发现问题、分析问题、解决问题的能力.
	2. 教学反思
	  在解决概率的计算问题上，教师可鼓励学生尝试列表和画树状图的方法，让学生掌握求基本事件个数的一般方法，从而化解学生由于没有学习排列组合知识而直接学习概率产生的困惑. 对于古典概型的判断，两个条件缺一不可，尤其是对例题中的事件的等可能性的判断. 教师通过给出实例模型，帮助学生突破思维难点，确保整个教学设计顺利实施，达到教学目标		

Ⅴ 素养拓展

数学建模简介

数学是研究现实世界数量关系和空间形式的科学.在数学产生和发展的历史长河中,它一直是与解决生活中的问题紧密相关的.数学的特点不仅在于概念的抽象性、逻辑的严密性、结论的明确性和体系的完整性,还在于应用的广泛性.

自从 20 世纪以来,随着科学技术的迅速发展和计算机的日益普及,人们对各种问题的要求越来越精确,使得数学的应用越来越广泛和深入.随着信息技术的迅猛发展和数学理论与方法的不断扩充,数学已经成为当代高科技的一个重要组成部分.数学建模搭建了数学与现实世界的桥梁,是运用数学知识和数学方法解决实际问题的基本手段,也是推动数学发展的重要源动力.

数学建模是对现实问题进行数学抽象,用数学语言表达问题、用数学知识与方法构建模型解决问题的方法.其过程主要是从实际情境中的问题出发,抽象出相关的数学模型,求解结论,验证结果,解决问题.应用数学去解决各类实际问题时,建立数学模型是十分关键的一步,同时也是十分困难的一步.建立数学模型的过程,就是把错综复杂的实际问题简化、抽象为合理的数学结构的过程,要通过调查、收集数据资料,观察和研究实际对象的固有特征和内在规律,抓住问题的主要矛盾,建立起反映实际问题的数量关系,然后利用数学的理论和方法去分析和解决问题.这就需要深厚扎实的数学基础、敏锐的洞察力和想象力、对实际问题的浓厚兴趣和广博的知识.数学建模是联系数学与实际问题的桥梁,是数学在各个领域广泛应用的媒介,也是数学科学技术转化的主要途径.数学建模在科学技术发展中的重要作用越来越受到数学界和工程界的普遍重视,已成为现代科技工作者必备的重要能力之一.

为了适应科学技术发展的需要和培养高质量、高层次的科技人才,数学建模的教学已经在教育中逐步开展.国内外越来越多的学校正在进行数学建模课程的教学,并鼓励师生积极参加开放性的数学建模竞赛,将数学建模与教学改革相结合,努力探索更有效的数学建模教学法和培养面向 21 世纪的人才的新思路.数学建模的教学是一个不断探索、不断创新、不断完善和提高的过程.为了改变过去以教师为中心、以课堂讲授为主、以知识传授为主的传统教学模式,数学建模课程的指导思想是以实验室为基础、以学生为中心、以问题为主线、以培养能力为目标来组织教学工作.通过教学使学生了解利用数学理论和方法去分析和解决问题的全过程,提高学生分析问题和解决问题的能力;提高学生学习数学的兴趣和应用数学的意识与能力,使学生在以后的工作中能经常性地想到用数学的思维和方法去解决问题,增强学生利用计算机软件及当代高新科技成果解决实际问题的意识.

数学建模的教学要以学生为主.教师可利用一些事先设计好的问题启发引导学生主动查阅文献资料,学习新知识,鼓励学生积极开展讨论和辩论,培养学生主动探索、努力进取的学风,培养学生团结协作的精神.数学建模教学过程的重点是创造一种学习环境,去激发学生的学习欲望,培养学生的自学能力,增强学生的数学素质和创新能力.而提高学生的数学素质,强调的是学生获取新知识的能力,是解决问题的过程,而不是单纯的知识与结果.这个过程主要是靠学生自己去学,要充分调动学生的积极性,发挥学生的潜能.教学中,教师可广泛地采用讨论的方式,让学生自己探究,而教师本身主要起提出疑问、解答疑问、辅导帮助的作用.

建模过程.① 模型准备:了解问题的实际背景,明确其实际意义,掌握对象的各种信息.学会用数学的眼光观察世界、用数学的思维分析世界、用数学的语言表达世界.② 模型假设:根据实际对象的特征和建模的目的,对问题进行必要的简化,并用精确的语言提出一些恰当的假设.③ 模型建立:在假设的基础上,利用适当的数学工具来描述各个变量、常量之间的数学关系,建立相应的数学结构(尽量用简单的数学工具).④ 模型求解:利用获取的数据资料,对模型的所有参数做出计算(或近似计算).⑤ 模型分析:对所要建立模型的思路进行阐述,对所得的结果进行数学上的分析.⑥ 模型检验:将模型分析结果与实际情形进行比较,以此来验证模型的准确性、合理性和适用性.如果模型与实际较吻合,则要给出计算结果的实际含义,并进行解释.如果模型与实际吻合较差,则应该修改假设,再次重复建模过程.

郑重声明

高等教育出版社依法对本书享有专有出版权。任何未经许可的复制、销售行为均违反《中华人民共和国著作权法》，其行为人将承担相应的民事责任和行政责任；构成犯罪的，将被依法追究刑事责任。为了维护市场秩序，保护读者的合法权益，避免读者误用盗版书造成不良后果，我社将配合行政执法部门和司法机关对违法犯罪的单位和个人进行严厉打击。社会各界人士如发现上述侵权行为，希望及时举报，我社将奖励举报有功人员。

反盗版举报电话　　（010）58581999　58582371
反盗版举报邮箱　　dd@hep.com.cn
通信地址　北京市西城区德外大街4号　高等教育出版社法律事务部
邮政编码　100120

读者意见反馈

为收集对教材的意见建议，进一步完善教材编写并做好服务工作，读者可将对本教材的意见建议通过如下渠道反馈至我社。

咨询电话　400-810-0598
反馈邮箱　zz_dzyj@pub.hep.cn
通信地址　北京市朝阳区惠新东街4号富盛大厦1座
　　　　　高等教育出版社总编辑办公室
邮政编码　100029

防伪查询说明

用户购书后刮开封底防伪涂层，使用手机微信等软件扫描二维码，会跳转至防伪查询网页，获得所购图书详细信息。

防伪客服电话
（010）58582300

学习卡账号使用说明

一、注册/登录

访问http://abook.hep.com.cn/sve，点击"注册"，在注册页面输入用户名、密码及常用的邮箱进行注册。已注册的用户直接输入用户名和密码登录即可进入"我的课程"页面。

二、课程绑定

点击"我的课程"页面右上方"绑定课程"，在"明码"框中正确输入教材封底防伪标签上的20位数字，点击"确定"完成课程绑定。

三、访问课程

在"正在学习"列表中选择已绑定的课程，点击"进入课程"即可浏览或下载与本书配套的课程资源。刚绑定的课程请在"申请学习"列表中选择相应课程并点击"进入课程"。

如有账号问题，请发邮件至：4a_admin_zz@pub.hep.cn。